希望する力
生き方を問う聖書

佐原光児
SAHARA, Koji

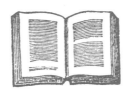

新教出版社

まえがき

　人はなぜ生きるのでしょうか。何のために生きるのでしょうか。わたしたちはしばしば生きる意味や目的を見失ってしまいます。あるいは自分の楽しみを求めて、こうした真剣な問いから逃げてしまうこともあるでしょう。そうして気づかないうちに「自分」という硬く狭い殻の中に閉じこもってしまうのではないでしょうか。

　キリスト教に根ざした小説を多く残したロシアの作家トルストイの作品に、『人は何によって生きているか』という短編小説があります。気のよい靴屋のセミョーンは、寒い夜に裸で凍えているミハイルを見つけます。ミハイルは神の命令に背いたために楽園を追放された天使で、天国に戻るためには、三つのお題の答えを人間界で見つけなければいけませんでした。それは「人には何があるか」「人には何が与えられていないのか」「人は何によって生きているか」でした。ミハイルは人間として生活する中で、「人には愛があること」、「人にはいつ死ぬかを見通す力が与えられていないこと」、そして「人は神からの愛によって生きており、お互いに愛を持って助け合いながら生きていること」を学びます。

　「人は愛によって生きる」と言われても、きれいごとにしか聞こえないかもしれません。そんなことは信じられないほどに、社会には凶悪な事件や不正があふれています。優しさや愛を大切にしようとする生き方は多くの場合損をするということをわたしたちは肌で感じながら生きています。そうして虚無的になっていくのです。

　しかし、そうした虚無や諦めを乗り越えさせるのが希望です。希望は何もしなくても常に持っていられる類（たぐい）のものではありません。希望を持つこともまた訓練が必要です。なぜなら、それは見えないものを捉えていく力だからです。

　初期のキリスト者は、「待ち望む」ということをとても大切にして

3

いました。その時代のキリスト者たちは、わたしたちから見れば絶望や諦めしかない厳しい迫害の時代を乗り越えてきたのです。それも待ち望んでいるものが見えないにもかかわらず、です。そこには「希望する力」が働いていました。そしてその力は、イエスの十字架という痛みと深いつながりがあるのです。それは嫌なことがあればすぐになくなってしまうような貧弱な希望ではなく、痛みの中にあってもなお人に望みを抱かせ、前を見据えて歩ませる希望でした。

　そうした「希望する力」を鍛える一助となればとの思いで本書を著しました。第1章ではキリスト教の基礎知識とイエスの特徴を紹介します。第2章ではイエスのたとえ話を取り上げ、社会の常識からするととてもユニークなイエスの視点について共に考えます。第3章では、旧約聖書の創世記の世界観や人間観を学び、今わたしたちがどのようにそれらを考え直すことができるかに焦点を当てます。第4章では現代の諸問題を取り上げ、聖書のメッセージからそれらとどのように向き合うことができるかを考察します。そしてところどころに、わたしがこれまで出会ってきた人たちの個人的なストーリーを紹介します。

　わたしは日本とアメリカにおいて牧師として、学校の教師として、またひとりの人間としてたくさんの人との出会いを与えられてきました。そしてその中で、さまざまな個人の「物語」を聞いてきました。それらは人権や愛、人生の悲しみや痛みに関してのものであり、極めて力強いものでした。そうした体験に基づいた物語は、時にわたしたちの視点を揺さぶり、真実や希望に目を向けさせ、生き方に大きな影響力を与えるのです。

目　次

まえがき……3

第1章　キリスト教とイエスの基礎知識

1　はじめに（若い君たちへ）……10

2　礼　拝……12

3　祈　り……14

4　信じること……17

5　聖　書……19

6　聖書に収められた書物……24

7　教　派……26

8　イエスとはだれか……29

9　イエスの最後の一週間……36

10　地域から見るイエスの特色……38

11　イエスのイメージ……40

第2章　生き方を考えるイエスの言葉

1　切り捨てるべき？……42

　　「100匹の羊」ルカ 15:1-7、マタイ 18：10-14

2　なんだか不平等？……47

　　「ぶどう園の労働者のたとえ」マタイ 20：1-16

3　人間らしさ？……52

　　「善いサマリア人のたとえ」ルカ 10：25-37

4　本当の自分？……56

　　「放蕩息子のたとえ」ルカ 15：11-32

5　自分だけで完結する賜物？……62

　　「タラントンのたとえ」マタイ 25：14-30

6　何を求めて生きるのか？……66

　　「愚かな金持ちのたとえ」ルカ 12：13-21

7　視点を過去から未来へ ……72

　　　「生まれつき目の見えない人をいやす」ヨハネ9：1-7

　8　本当の幸せとは ……76

　　　「幸い」マタイ5：3-16

第3章　創世記から浮かびあがる命と生き方

　1　命のイメージ……80

　2　創世記の世界観……84

　3　創世記からの問いかけ……87

　4　創世記の人間観……90

　5　人間の罪……99

　6　旅人として生きるメンタリティ……104

　7　空を見上げる人として……108

第4章　現代の諸問題と聖書

　1　宗教とカルト……112

　2　病や苦しみと人間の尊厳……118

　3　多様な性と人間の尊厳……122

　4　人種差別と人間の尊厳　①……128

　5　人種差別と人間の尊厳　②……132

　6　平和のイメージ……137

　7　希望する力……143

あとがき……149

資料　礼拝行事一覧……153

聖書からの引用は『聖書 新共同訳』（日本聖書協会）によっています。

第1章

キリスト教とイエスの基礎知識

1　はじめに（若い君たちへ）

> 求めなさい。そうすれば、与えられる。探しなさい。そうすれば、見つかる。門をたたきなさい。そうすれば、開かれる。だれでも、求める者は受け、探す者は見つけ、門をたたく者には開かれる。　　（マタイ7：7-8）

　人生は探究の連続である。しかしその意味を見出すことは難しい。『夜と霧』の著者で、アウシュビッツ収容所体験を生き抜いた精神科医のヴィクトール・E・フランクルは戦後、大学で教鞭をとる中で「実存の空白」という言葉を使い、現代は生きる意味が失われている時代だと述べた。意味を失いながら生きる時、人は虚無に陥りやすい。しかし反対に自らの生の意味を知る人は困難を乗り越える強さを持つ。フランクルにとってその意味を与える存在こそが神であった。

　「求めなさい」。これはイエスが語った言葉である。この言葉の意味を考えてみよう。まず、人は自分をよく知らなければ「求める」ことができない。いったい自分には何が必要なのか、何が不足しているのか、そのことを明確に知って人は初めて何かを求めることができる。「求める」ということは自分と向き合い、よく知ることでもあるのだ。

　次に、この箇所には「求める」「探す」「門を叩く」という三つの動詞が出てくるが、言葉が進むにつれ行動がより具体的に、より強くなっているのがわかる。「求める」ことは心の中でも可能である。しかし「探す」には行動が伴わなければならず、「門を叩く」に至っては心と体の両方で切実にそれを求めなければいけない。求めているものを知っているからこそ探し、この扉を一枚隔てた向こう側にそれがあると信じるからこそ、激しく門を叩くのだ。

　新約聖書の原語では、「求め続けなさい」「探し続けなさい」「門を叩き続けなさい」という継続的な行為を示すギリシア語が使われている。わたしたちは求めているものがすぐに与えられないと失望してしまうが、イエスは求めるものにたどり着くまで求め続ける覚悟を語っ

ている。では、どうすれば人は求め続けることができるのであろうか。実はこの問いの中にこそ、イエスが伝えたいことがある。それは「信頼」である。諦めず求め続けるためには、「この求めは必ず応えられる」という信頼や希望が必要である。逆に、信頼や希望のないところには絶望や虚無しかなく、「求める」という能動的な生き方は生まれてこない。イエスは続けて「神が必ず良いもので応えてくださる」と語るが、その真意がここにある。

　しかし重要なことは、自分が求めるものが必ずしも神の考える「良いもの」であるとは限らないということである。以下は、アメリカの南北戦争で負傷した兵士の祈りとされるものである。

叶えられた祈り（The Blessing of Unanswered Prayers）

自ら成し遂げるために強さを与えてほしいと神に求めたが、神に従う謙虚さを学ぶようにと、弱さを与えられた。

もっと偉大なことができるようにと健康を求めたが、より善いことができるようにと、病気を与えられた。

幸せになれるようにと富を求めたが、賢明になれるようにと貧しさを与えられた。

人々の賞賛を得ようとして権力を求めたが、神が望んでおられることを知るようにと、弱さを与えられた。

人生を楽しむためにあらゆるものを求めたが、すべてのことを喜ぶことができるようにと、命を与えられた。

求めたものはひとつとして与えられなかったが、わたしが望んでいたことはすべて聞き入れられていた。

神の想いに反するわたしであったが、心の中の祈りはすべて叶えられた。

あらゆる人の中で、わたしはもっとも豊かに恵みを受けたのだ。

　わたしたちは求め、探し、門を叩くのだが、時に自分が望まなかったものが自分にもっともふさわしいものであったことに気づく。自分の想像を超えた事柄への気づきや驚きこそが、わたしたちの人生をより豊かにさせるのである。

2　礼　拝

　キリスト教主義学校に入学した多くの生徒にとって一番の驚きは、学校での礼拝であろう。何のために礼拝をするのか。そこにはどのような意味があるのか。

　ひと言でいえば、礼拝とは「出会いの空間」である。それは神や他者との出会いであり、新たな自分との出会いである。

神と出会う空間

　礼拝はまず「神と出会う空間」であるといえる。キリスト教では、ひとりひとりが大切な存在として神によって礼拝に招かれていると考える。聖書には、イエスが弟子たちに「あなたがたがわたしを選んだのではない。わたしがあなたがたを選んだ。あなたがたが出かけて行って実を結び、その実が残るようにと、また、わたしの名によって父に願うものは何でも与えられるようにと、わたしがあなたがたを任命したのである」（ヨハネ 15：16）と語りかける箇所がある。

　多くの人は自分で学ぶ学校を選んだと考えるであろうが、実は神が「この人こそ」と選んで、それぞれの学校に呼び集めたのだ。そして神は、それぞれに使命や役割を与えて、それぞれの場所で実りをもたらす存在として期待している。人は自分を超えた存在を前にする時に、与えられた生の意味や使命について考え、それに気づかされていく。教会も同じである。教会を指すギリシア語「**エクレシア**」は、「**呼び集められた者の群れ**」という意味を持つ。神によって目的を持って呼び集められた個人の集まりが教会であり、礼拝とはそれを確認する場である。

人と出会う空間

　礼拝はまた「人と出会う空間」でもある。ここには少なくとも三つ

第 1 章 キリスト教とイエスの基礎知識

の出会いが存在する。ひとつは、単純に「礼拝に参加する他者との出会い」である。通常、礼拝では祈りやメッセージを聞き、讃美歌を一緒に歌う。礼拝は孤独な個人として参加する場ではなく、その場にいる他の人々とつながる場である。聖書には、「見よ、兄弟が共に座っている。なんという恵み、なんという喜び」（詩編133：1）とあるが、礼拝は仲間を与えられている喜びを発見する空間なのである。

　二つ目は「まだ知らぬ人々との出会い」であり、それは祈りやメッセージの中で起こる。礼拝の中で司式者や牧師が地震などで被災した人々や戦時下にある人々の存在に触れて祈ることがある。人はその祈りを共にすることで、自分がまだ出会っていない人々や意識せずにいた人々と出会うのである。

　最後は「自分との出会い」である。これは神と向き合い、他者との出会いを繰り返し、自己を見つめることで起こる。聖書には、「だから、わたしたちは落胆しません。たとえわたしたちの『外なる人』は衰えていくとしても、わたしたちの『内なる人』は日々新たにされていきます」（Ⅱコリント4：16）とある。肉体としてのわたしたちは日々衰えていくが、礼拝を通して何度でも新しくされる自己や使命を発見し、その出会いを重ねていく。それこそが礼拝なのだ。

礼拝の呼び方

　ローマ・カトリックでは礼拝を「ミサ」と呼ぶ。これはラテン語のミッシオ（missio, 派遣する）に由来し、礼拝を通して現実世界に派遣されるという意味を持つ。プロテスタントでは「礼拝」と呼び、英語でサーヴィス（service）やワーシップ（worship）という。サーヴィスには「仕える」という意味があり、神に仕えるとともに、人が神に仕える前に神がイエスを通して人間に仕えてくれたことを覚える。ワーシップは身を低くして神を誉めたたえるイメージで使われる。近年アメリカなどでは、礼拝をセレブレーション（celebration）と呼ぶ教会がある。特にホームレスや人種差別を経験した人たちが集まる教会でこの名称が用いられている。抑圧された人々が自らの命が神によって祝われていることを発見する空間として礼拝を捉えていることがわかる。

3　祈　り

　人はなぜ祈るのだろうか。祈ることにどんな意味があるのだろうか。立ちはだかる困難を前にして、祈らざるをえない気持ちになった経験を持つ人は多いであろう。祈りとは、自分では抱えられない大きな荷物、課題を神に委ねて（預けて）いくことである。しかし、それはよく想像されるような、神にすがる弱い行為ではない。

神と共に重い荷を動かす

　「委ねる、まかせる」を指すヘブライ語ガーラルは、「石などを転がす」という意味がある。詩編 37 編 5 節には「あなたの道を主にまかせよ」とあるが、直訳すると「あなたの道を主の上で転がす」という意味である。ここに「神と共に重い石を動かしていく」姿を見ることができる。つまり神に委ねる（祈る）ということは、神にすべてを丸投げすることではなく、神を信頼しながら今まで動かせなかったものを一緒に動かしていく能動的な行いである。

　イエスは、「疲れた者、重荷を負う者は、だれでもわたしのもとに来なさい。休ませてあげよう。わたしは柔和で謙遜な者だから、わたしの軛を負い、わたしに学びなさい。そうすれば、あなたがたは安らぎを得られる」（マタイ 11：28-29）と語る。「軛」とは二頭の家畜をつなげて重い荷を引かせる農機具であるが、ここに、今まで担えなかった大きな荷をイエスや神と一緒に動かしていこうという勧めを見ることができる。たったひとりの作業とは違い、相性のよいペアなら力を合わせて長い時間働き続けることができるだろう。

　聖書を見ると、イエスがたびたび祈っていたことがわかる。特に大切な出来事の前には、人里を離れてひとりで祈る姿が描かれている。イエスもまた神と共に大きな課題を動かそうとしていたのだ。

　イエスの祈りをいくつかに分類しながら見ていこう。

第 1 章 キリスト教とイエスの基礎知識

◇主の祈り （マタイ 6：5-15/ルカ 11：1-4）

　聖書には、イエスが弟子たちに教えた祈りが記されている。それは「主の祈り」と呼ばれ、ほとんどの教会で毎週この祈りが唱えられている。現在は「主の祈り」のわかりやすい日本語訳が多くある。

> 天の父よ。み名があがめられますように。み国が来ますように。みこころが天で行われるように地上でも行われますように。わたしたちに今日もこの日のかてをお与え下さい。わたしたちに罪を犯した者をゆるしましたから、わたしたちの犯した罪をおゆるし下さい。わたしたちを誘惑から導き出して悪からお救い下さい。み国も力も栄光もとこしえにあなたのものだからです。アーメン。　　　　　　　　　　　　　　　（日本キリスト教協議会統一訳）

　「主の祈り」は、神に向けられた祈りである。かつてユダヤ教ではみだりに神の名を呼ぶことは禁止されていたが、イエスは神に向かって「アッバ」と呼びかけた。これは子どもが父親に「おとうちゃん」と呼びかけるような親しみを込めた呼び方である。つまりイエスは神を近寄りがたい厳格な存在ではなく、呼べば応答してくれる近しい存在と考えていたのだ。「主の祈り」では、神を「父」と男性形で呼ぶが、現在、神のイメージが男性に固定されてしまうのを避けるため、神へのさまざまな呼びかけが試みられている。たとえば、神に対して「親」や「母」という表現も用いる教会が増えている。

　「主の祈り」で注目してほしいのは、主語がすべて「わたしたち」であることだ。人はたいてい自分が一番かわいく、時に自分しか見えなくなってしまう。しかしこの祈りの主語は一貫して単数形の「わたし」ではなく、複数形の「わたしたち」である。わたし以外のだれかを想いながら、共に祈る、それがイエスが教えた祈りの形であった。

◇神の望む道を求める祈り（マタイ 26：36-45）

　イエスの祈りの中には、自分に示された困難を前に苦悩し格闘するものもある。イエスは十字架にかけられる前日に、自らの十字架の死

15

を予見しながらゲツセマネという小高い丘の上で祈った。この時イエスはまず「この杯（苦しみを表す）を取り除いてください」と祈ったと記されている。困難が取り除かれることを願う気持ちは、わたしたちにも理解できる。しかしイエスは最後に「**しかし、わたしの願いどおりではなく、御心のままに**」と言って祈りを終えている。

この「ゲツセマネの祈り」からは、自分の願いや都合ではなく、神の想いや望みを優先するイエスの姿が見える。だれもが避けたいと思う苦難、しかし神がそれを必要とされるなら、自分が用いられることを求める、それがイエスの祈りであった。

◇他者をゆるそうとする祈り　（ルカ 23：34）

もっとも力強い祈りは、イエスの十字架上での祈りであろう。イエスは死の間際に、自分を十字架にかけた人々のことを考えて、「**あの人たちをゆるしてください**」と祈りを捧げた。聖書には、死を前にしてこのように振る舞える人はいないと驚いた百人隊長の姿が描かれている。この驚きはそのまま初期のキリスト者たちがイエスに感じていた驚きでもあったはずである。人間はだれしも自分だけを大切にしたいと思う。それなのにイエスは自らを犠牲にし、他者のために命をかけて祈った。その姿は多くの人の心を打ったのである。

平和の祈り（アッシジのフランチェスコ）

神よ　わたしをあなたの平和の道具にしてください。
憎しみのあるところに、愛を。いさかいのあるところに、ゆるしを。
分裂のあるところに、一致を。迷いのあるところに、信仰を。
誤りのあるところに、真理を。絶望のあるところに、希望を。
悲しみのあるところに、喜びを。
闇のあるところに、光をもたらす者としてください。
神よ、わたしに、慰められるよりは慰めることを。
理解されるよりも、理解することを。
愛されるよりも、愛することを望ませてください。
自分を捨てて初めて自分を見出し、ゆるしてこそ、ゆるされ、
死ぬことによってのみ、永遠のいのちによみがえることを
深く悟らせてください。

4　信じること

> 信仰とは、望んでいる事柄を確信し、見えない事実を確認することです。
>
> （ヘブライ 11:1）

　人は容姿、お金など「見えるもの」に執着し、またそれらに囚われて生きている。一方で「見えないもの」は存在しないか価値のないものとして扱われることが多い。このような社会では、目に見えない存在を信じる行為は極めて愚かなものに映るであろう。キリスト教では、聖書に示された見えない神を信じるが、これも多くの人には滑稽なことであるに違いない。しかし、「見えないもの」を信じて生きることは、本当に空虚な生き方なのであろうか。

　聖書には、目に見えるイエスの奇跡を強調する箇所が多くある。それは、イエスの強烈な力を強調し、読者の驚きを引き起こそうとしているようだ。その一方で聖書には「見える奇跡」を通して信じることをイエス自身が戒める箇所もある。たとえばヨハネによる福音書の復活物語には、ディディモと呼ばれたトマスとの再会の場面がある。イエスが蘇ったと噂する他の弟子たちの中でトマスはただひとり「あの方の手に釘の跡を見、この指を釘跡に入れてみなければ、また、この手をそのわき腹に入れてみなければ、わたしは決して信じない」（ヨハネ 20：25）と主張する。しかし、イエスはトマスに対して「信じない者ではなく、信じる者になりなさい」「わたしを見たから信じたのか。見ないのに信じる人は、幸いである」（ヨハネ 20：27、29）と語り、見なくても信じる生き方を勧めている。

　またイエスの死後、各地の教会に向けて書かれたパウロの手紙には、「見えないものを信じる」生き方の重要性が説かれている。これらの聖書箇所に共通しているのは、希望や信仰が「落胆」「艱難」「忍耐」

など「苦しみ」と合わせて語られていることである。たとえ困難のただ中にいようと出口の見えない闇の中にいようと、希望を持って生きればそれらを越えていくことができると語られている。

　カトリックの司祭であったヘンリ・ナウエンは期待や信じることについて次のように語る。

　期待することには逆説があります。すなわち、明日を信じる者は、今日をより良く生きることができるということです。悲しみから喜びが生まれることを期待する者は、古びた人生のさなかに新しい人生の始まりを見つけ出すことができます。
　（ヘンリ・ナウエン『嘆きは踊りに変わる──苦難のなかの希望』p.110）

期待することや信じることには、たとえ現状が悲惨であったとしても、わたしたちを明日へ、そして今をどのように生きるのかと主体的な歩みへと導く力があるのだ。

> だから、わたしたちは落胆しません。たとえわたしたちの「外なる人」は衰えていくとしても、わたしたちの「内なる人」は日々新たにされていきます。わたしたちの一時の軽い艱難は、比べものにならないほど重みのある永遠の栄光をもたらしてくれます。わたしたちは見えるものではなく、見えないものに目を注ぎます。見えるものは過ぎ去りますが、見えないものは永遠に存続するからです。　（Ⅱコリント４：16-18）

> わたしたちは、このような希望によって救われているのです。見えるものに対する希望は希望ではありません。現に見ているものをだれがなお望むでしょうか。わたしたちは、目に見えないものを望んでいるなら、忍耐して待ち望むのです。　（ローマ８：24-25）

第1章 キリスト教とイエスの基礎知識

5 聖 書

　キリスト教の聖書は「旧約聖書」「新約聖書」の二つに分かれている。旧約聖書はもともとユダヤ教の正典であり、ユダヤ人の言葉であるヘブライ語（一部はアラム語）で書かれている。新約聖書は、キリスト教が最初に広まったローマ帝国東半分の都市での公用語がギリシア語であったため、この地域に住む人々に読んでもらうためにギリシア語で書かれた。最近では「旧約」「新約」という言葉を用いず、旧約聖書を「ヘブライ語聖書」、新約聖書を「ギリシア語聖書」と呼ぶことも多い。

「聖書」という言葉の由来
　英語のバイブル（Bible）、ドイツ語のビーベル（Bibel）は、いずれもギリシア語「ビブリオン」（小さな書物）からきている。さらに遡ると古代エジプト語のビュブロス、ビュビリオンに至り、もともとはパピュルス（パピルス草のしげみや内皮）を指す言葉だったという。古代ではパピルス草の内皮を薄くそいで重ね、のりで接着して紙を製造した。ここから英語のペーパー（paper）という語が生まれている。それを複数枚重ねた書物をビブリオンと呼んだ。したがってビブリオンは「書物」「記録」「手紙」などを意味し、特別に「聖書」を意味する言葉ではなかった。5世紀頃に聖書全体（旧約聖書と新約聖書）を指す言葉としてギリシア語「ビブリア」が用いられ、「聖書」を表す固有名詞になったのである。

なぜ「訳」ではなく「約」なのか？
　旧約聖書（Old Testament）や新約聖書（New Testament）に使われる「約」には契約という意味がある（Testament は、神と人間の間で結ばれた契約という意味）。しかしこの「旧約」「新約」という呼び方はキ

19

リスト教の信仰が反映されたものなので注意が必要である。ユダヤ教徒はキリスト教徒が「旧約聖書」と呼ぶものを正典としているが、ユダヤ教徒にとってこのヘブライ語聖書は、けっして旧いものではなく、今も有効な生きた契約だからである。

　旧約聖書に登場するアブラハムやモーセといった有名な人物たちは、ひとりの神「ヤハウェ」と契約を交わす。それは人がヤハウェに仕え、その教えである「律法」を守る代わりに、神が土地や子孫の繁栄を約束するという契約であった。実際のユダヤ人の歴史は常に周辺の大国に支配される苦難の歴史であった。けれども預言者たちは「自分たちの信じる神は役に立たない」とはけっして考えず、むしろ「自分たちが神との契約を守っていないから苦難を経験している」と考えた。そのような歴史を天地の始まりから壮大なスケールで描いているのが旧約聖書（ヘブライ語聖書）である。

　古代世界においてユダヤ教のように神の教えによって生き方を定める宗教は珍しかった。多くは祭儀を通して信仰を表現し、神のご機嫌を伺うものであった。しかしユダヤ教が大切にした律法は、祭儀よりも深く信仰者の生き方を問うものだった。人は生き方を問われることによって高い倫理性を保たなければならない。また律法では他者に関わる生き方が問題となるため、自分だけでなく他者と共に幸せに生きることが大切にされる。

　出エジプト記を読むと、イスラエルの民はことごとくこの約束を守ることができず、困難に直面すると何度も神に不平不満を言っていたことがわかる。そのような民にもかかわらず律法が与えられていることが重要である。申命記5章は律法の中心である「十戒」が語られるが、続く7-10章には、何度も「思い起こし」という言葉が出てくる。7章19節には「すなわち、あなたが目撃したあの大いなる試み、あなたを導き出されたあなたの神、主のしるしと奇跡、力ある御手と伸ばされた御腕をもってなされたことを思い起こしなさい」とある。律法は基本的な約束さえ守ることができない人間の弱さにもかかわらず、

第 1 章 キリスト教とイエスの基礎知識

それでも神が自分たちに何をしてくださったかを思い起こさせるものである。つまり律法は本来、神の忍耐や愛を思い起こしながら自分たちもこの約束を大切にすることを目指す知恵でもあった。しかしイエスの時代には、律法を守れているか、そうでないかというように人を裁く条件となっていた。

　一方、新約聖書（ギリシア語聖書）はイエス・キリストによって示された「新しい契約」を扱う。イエスの時代、病や貧しさは神の怒りに触れた結果だと考えられていた。しかしイエスはそのような人々に「神のゆるし」を宣言し、さまざまな立場や見た目の違いを超えて「神はすべての人と共におられ、愛しておられる」と語りかけた。そしてのちの人々は、「なぜ人は神にゆるされ、愛されているのか」という問いについて、神の子イエスが自分の命を捧げたことにより、すべての人がゆるされたからだと理解したのである。人はすでに神にゆるされ愛されているので、もはや律法を守ることで自らの正しさを証明し続ける必要はない。一方的に人を愛する神を信じて、この神との愛の関係を生きることがイエスの教えた「新しい契約」だ、と考えられるようになったのである。このイエスの生涯を伝える福音書とイエスの教えに基づく手紙などを集めて 27 巻にまとめられたのが新約聖書である。

　このようにユダヤ教もキリスト教も神との契約関係を大切にするため、いずれも「契約宗教」と呼ばれる。

正典とは何か？

　聖書は最初から今のようなまとまった形で存在していたわけではない。もともとは各地にそれぞれの文書が独立して伝わっていた。旧約聖書は**ヤムニア会議**（90 年頃、118 年頃）で、新約聖書は**カルタゴ会議**（397 年）で正典として決定され、今日のようにまとめられることになる。しかし聖書に入っている文書だけが重要であるかというと、そう単純ではない。これらが人間によって「正典」と決められたとい

21

うことは、当時影響力を持っていた教会や地域で用いられていた文書が選ばれる傾向にあったということである。そのため正典と認められなかった文書の中にも、イエスの時代やイエスについて知る上で大きな価値を持っているものがたくさんある。

> 「正典」（canon）とは、ギリシア語の「カノーン」、ラテン語の「ノルマ」の訳語。もともとは「ものさし、基準」という意味である。実際には、現在の聖書に収められたものの他に多くの文書が存在する。聖書に入らなかったものは、「外典」「偽典」と呼ばれている。

なぜ文書にする必要があったのか？

もともと聖書に書かれていることは、口伝えに語り継がれていたものである（**口頭伝承、口伝**）。それがある時代に、文書（文字）として書き留められていく。当然、古代に印刷機やコピー機はなく、オリジナルの文書をだれかが書き写し、それをまた複写する形で複製が増えていったのである。このような複製を**写本**と呼ぶ。

3世紀末の写本

なぜ、文書にする必要があったのであろうか。新約聖書に限っていえば、最初の福音書はマルコによる福音書で、これは紀元後70年代に書かれたと言われている。つまりイエスの死後すでに約40年が経った頃だったということだ。当時の平均寿命を考えると実際にイエスに会って話を聞き、その体験を生き生きと語ることのできる世代が失われていく頃だったと推察できる。世代が変わっていく中で、口頭で伝えられてきたことを書き記し、次世代へ残していく必要性が生まれる。そうしてまとめられたのが新約聖書の福音書である。

口頭伝承でも文書の書き写しでも人を介すため、どうしても少しず

つ内容が変わっていく。新約聖書に福音書は四つあるが、それらにはいくつか共通した出来事や話が収められている。そういった物語を読み比べてみると福音書によって細かな違いがあることがわかる。このような違いは、口伝による齟齬の他、場所や著者によって特に重要だとされたことが違ったために起きたのではないかと考えられる。それらの相異を精査すると、イエスが実際に語った言葉への手がかりや、それぞれの福音書が語り継がれた教会において大切にしたかったメッセージなどが浮かび上がってくる。

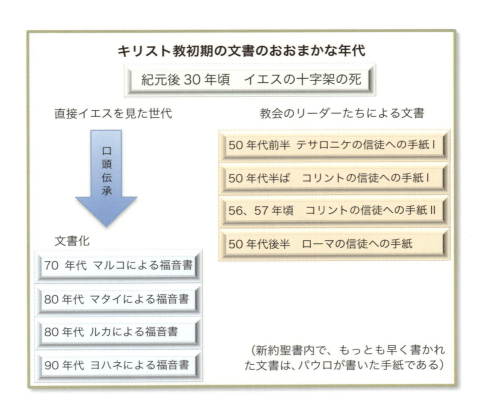

6　聖書に収められた書物

旧約聖書　全39巻（カトリックとプロテスタントでは旧約聖書の文書数が異なり、カトリックでは全46巻）

創世記 出エジプト記 レビ記 民数記 申命記	【歴史書】 「律法の書」 「モーセ五書」 とも呼ばれる	天地創造物語に始まり、イスラエル民族の選び、出エジプトまでの歴史と神の契約（十戒をはじめとする律法）を扱う。
ヨシュア記 士師記 ルツ記 サムエル記（上・下） 列王記（上・下） 歴代誌（上・下） エズラ記 ネヘミヤ記 エステル記	「歴史書」	約束の地カナンに移住後のイスラエル王国の歴史。12部族連合から、統一王国の建国、そして王国の分裂、滅亡までの歴史を扱う。
ヨブ記 詩編 箴言 コヘレトの言葉 雅歌	【諸書】 文学的テーマを扱うため「文学書」とも言われる	知恵の言葉（格言）、詩や歌など。ヨブ記は、正しい人に苦しみを与える神は正しいかという「神義論」を、コヘレトの言葉は人生の意味やその虚しさ、そして信仰について語る。
イザヤ書 エレミヤ書 哀歌 エゼキエル書	3大預言書	時代の大きな変化の中で、神の言葉を取り次いだ預言者たちの記録。外国による支配を神による裁きや救いと関連させて説いている。激変する時代において、どのように生きるべきかを民衆に厳しく問いかける言葉が多い。
ダニエル書	黙示文学	
ホセア書、ヨエル書、アモス書、オバデヤ書、ヨナ書、ミカ書、ナホム書、ハバクク書、ゼファニヤ書、ハガイ書、ゼカリヤ書、マラキ書	12小預言書	

第1章 キリスト教とイエスの基礎知識

新約聖書　全27巻

【福音書】

マタイによる福音書
マルコによる福音書
ルカによる福音書
ヨハネによる福音書

→ 共観福音書
→ 第四福音書

> イエスの公生涯（言葉と行い）を記している。マタイ、マルコ、ルカは共通点が多いことから**共観福音書**と呼ばれる。福音は英語で**ゴスペル**（Gospel）といい、「喜ばしい知らせ」（Good News）という意味がある。

使徒言行録　**【歴史】**

> イエスの死後の弟子たちの活動記録。前半は**ペトロ**、後半は**パウロ**に関する記述が多い。

【手紙】

ローマの信徒への手紙
コリントの信徒への手紙1
コリントの信徒への手紙2
ガラテヤの信徒への手紙
→ 四大書簡

エフェソの信徒への手紙
フィリピの信徒への手紙
コロサイの信徒への手紙
→ 獄中書簡

テサロニケの信徒への手紙1
テサロニケの信徒への手紙2
→ 初期書簡

テモテへの手紙1
テモテへの手紙2
テトスへの手紙
→ 牧会預言書

フィレモンへの手紙
→ 獄中書簡

ヘブライ人への手紙
ヤコブの手紙
ペトロの手紙1
ペトロの手紙2
ヨハネの手紙1
ヨハネの手紙2
ヨハネの手紙3
ユダの手紙
→ 公同書簡

> 使徒パウロや初期の教会の指導者たちが書き記した手紙。特定の教会宛に書かれた手紙や、ある地域の複数の教会宛に書かれたものもある。下線を引いた書簡は、パウロ自身が書いたと思われる手紙。下線のないものは、パウロの名前を使って他の誰かが書いたとされる手紙。昔の書物では、師などの名前を使って手紙を書くことがあった。

ヨハネの黙示録　**【黙示文学】**

> 終末（神の審判）について特殊な表現を用いて書かれた文書。象徴的な表現が多く使われている。黙示録を指す英語 Apocalypse はギリシア語のアポカリュプスが語源で「隠れた真実を明らかにする」という意味がある。（英語では黙示録を Revelation ともいう）

25

7　教　派

現在のパレスティナ地方で始まったイエスの運動は、イエスの十字架上の死で失敗に終わったかに思われた。しかしイエスの死後、12弟子を中心に活動が再開される。初期のキリスト教共同体では多

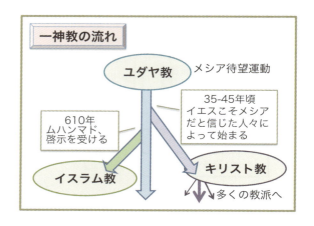

くの女性たちが重要な働きを担っていたこともわかっている。その後、生前のイエスとは直接会ったことがないパウロをはじめ、**「使徒」**と呼ばれる人々がユダヤ人以外への伝道を強化していく。さらにキリスト教迫害の時代を経て、キリスト教がローマの国教になると、神学と呼ばれる体系的な思想（教理または教義）がまとめられていった。そこではアウグスティヌス（354-430年）をはじめ、**「教父」**と呼ばれた神学者たちが大きな役割を果たした。

西方教会と東方教会

　こうして発展したキリスト教の大きな区分けとしてよく知られているのはカトリックとプロテスタントの二つであろう。カトリック（Catholic）とは**「普遍的」**という意味で、世界中のどこでも変わらないひとつの教会を表している。後述するようにプロテスタントはのちに宗教改革を通して生まれた教派である。ローマ・カトリックとプロテスタントはいずれも「西方教会」と呼ばれる。それに対して、プロテスタントが生まれるずっと前にローマ・カトリックと分裂した重要

第 1 章 キリスト教とイエスの基礎知識

な教派がある。それが正教会（Orthodox Church）である。「正教会」は、「**正統な教会**」という意味で、東方教会とも呼ばれる。

　カトリックの中心はバチカンであり、頂点はローマ教皇である。キリスト教が西洋社会に根ざす中で、その地域の習慣や考え方に影響を受けていく。それに対して、東方正教会の中心は東ローマ帝国の首都コンスタンチノープル（現イスタンブール）であった。現在の「ギリシア正教」や「ロシア正教」が東方教会に含まれる。西方教会と東方教会とでは信じる内容が少し違っていたり、イースターやクリスマスなどの日どりが違っていたりなど、さまざまな違いがある。

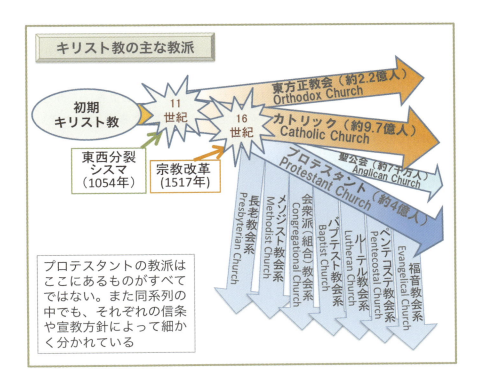

宗教改革

　1517 年、ドイツのルターによって教会改革運動が始められた。この改革運動はスイス・チューリッヒのツヴィングリやジュネーブのカルヴァンへと広がり、当時のカトリック教会に**「抗議する」**（プロテスト）人々という意味で、**「プロテスタント」**と呼ばれた。各グループによって多少の違いがあるが、プロテスタントは全体として、聖書中心主義、万人祭司を掲げ、人間の権威ではなく聖書を規範とし、特定の人ではなくすべての人が神の前に等しく立ち、宣教の使命を負うという考えを押し出している。プロテスタントは方針や主義の違いに応じて分裂を重ねていくことになるが、カトリックもその後に自己改革を重ねていき、現在に至る。

　プロテスタントにおいてさまざまな教派が生まれる要因は、文化や習慣が異なる地域へとキリスト教が広まる中で、「教会とは何か」「信仰とは何か」という考え方の違いが大きくなることによる。こうした神学的相違とは別に、その時代の社会的ニーズによる要因も大きい。その時代のさまざまな問題に対して、積極的に取り組んでいこうとする意識の違いによっても意見が分かれ、新しい教派が生み出されていったのである。

8 イエスとはだれか

メシア待望の気運の中で

　イエスとはだれかを探るためには、当時のユダヤ教について知る必要がある。イエスはユダヤ人であり、ユダヤ教の**ラビ（先生）**であった。ユダヤ人たちのイスラエル王国は、その歴史を見ると苦難の連続であった。華やかな時代は、紀元前 1000 年頃に即位したダビデ王と次のソロモン王の時代だけである。その後王国は分裂し、バビロン捕囚では多くの人が遠い外国の地に連れて行かれ、苦役に服した。その後も次々と周辺の強国に攻められては敗れ、属国のような扱いを受けている。そうした苦難の歴史の中で、神は必ずイスラエル民族をこの苦境から救い出してくださるという期待が生まれる。それがメシア待望であった。ヘブライ語「**メシア**」は、「**油を注がれた者**」という意味があり、これは王の即位の儀式に由来している。

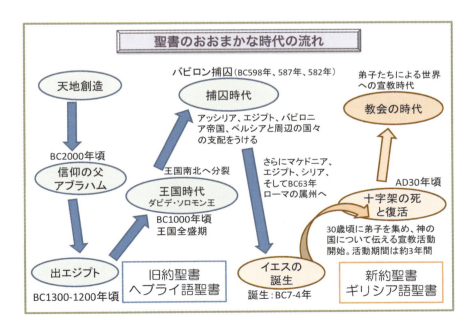

人々はかつてダビデ王がさまざまな外敵を退け、イスラエル王国を強固なものにしたように、再び自分たちの誇りと栄光を取り戻す王を待ち望んだ。そのため新約聖書では「メシア」が「ダビデの子」と表現されている箇所がある。そうした待望は、預言者たちによって語り継がれ、イエスの時代につながっている。

　こうしたメシア待望の中で活動を始めたのがイエスであった。「**主は救い**」という意味を持つ「イエス」はイスラエル地方では一般的な名前であった。当時のイスラエル地方では一般に人は名字を持たず、名だけが用いられていたため、「○○の子」と父親の名と一緒に呼ばれたり、地名と共に呼ばれたりした。イエスは育った地方から「**ナザレのイエス**」と呼ばれた。これに対して「**キリスト**」は「救い主」を意味する称号であって、名前ではない。これはヘブライ語「メシア」のギリシア語訳にあたる。

　ユダヤ教徒は今もなおメシアを待っているが、キリスト教はイエスというメシアがやってきたと信じた人々によって始められた。メシアがすでにきたのか、まだきていないのか、ここにユダヤ教とキリスト教の決定的な違いがある。キリスト教は、十字架で無残に殺されたイエスこそが、救い主（キリスト）であると信じたのである。

人間イエスの生涯

　イエスという人物が実在したことは多くの歴史家が認めている。しかし、それがどのような人物だったのかについてはさまざまな意見があり、確定されていることは少ない。人間イエスの生涯でわかっているのは以下のようなことである。

　・BC7-4 年に大工の家に生まれ、ナザレ地方で育つ。30 歳頃に公にでて、弟子たちを集め、「神の国」ついて宣べ伝える宣教活動を開始。
　・約 3 年間の宣教活動後、当時のローマが政治犯に対して行っていた極刑、十字架刑において処刑された。

第1章 キリスト教とイエスの基礎知識

① 病人や差別された人の友となったイエス

　新約聖書に収められた四つの福音書にはイエスの生涯が記されている。そこでは罪人や病人と関わるイエスの姿が多く報告されている。当時徴税人や律法を守らない罪人は神から罰せられると考えられており、また病は神に背いた罰だと考えられていた。宗教指導者はそのような人々と関わることを極力避けた。汚れがうつると考えたからである。しかしイエスは「**医者を必要とするのは、丈夫な人ではなく病人である**」（マタイ 9：12）と教え、「徴税人や罪人の仲間」とあざけられても、そのような人々と関わることをやめなかった。宗教指導者から神の救いの外にあるとされていた人々に、イエスは神の愛を回復しようとしたのだ。

　マタイによる福音書 1 章にはイエスの降誕物語が記されているが、23 節に次のような言葉がある。「見よ、おとめが身ごもって男の子を産む。その名は**インマヌエル**と呼ばれる。この名は、『**神は我々と共におられる**』という意味である」。イエスの生涯は、神の救いから切り離された人々に「神はあなたを愛し、共にいてくださる」というメッセージを伝えるものであったとマタイは考えているのだ。

　「神があなたと共におられる」とのイエスのメッセージを、自身の生き方を通して示した人たちがいる。ここではマザー・テレサとコルベ神父を紹介しよう。

◇愛を示す生き方：マザー・テレサ

　マザー・テレサ（アグネス・ゴンジャ・ボヤジュ）は、1910 年にマケドニアに生まれ、18 歳の時に修道院に入った修道女である。1950 年に修道会「神の愛の宣教者会」を設立し、インドの路上で死にゆく人々を宗教に関係なく介抱し、看取る活動を始める。彼女はマタイによる福音書 25 章 31-46 節にあるように、貧しく死んでいく人々の中にイエスを見出し、出会う人ひとりひとりに愛を注いだのであった。

31

マザー・テレサは、一番ひどい病気は、「だれからも必要とされていないと感じること」であると語る。自分がまったく愛されず、関心を持ってもらえない、そこにいなくていい存在だと思ってしまうことが、もっともひどい病だというのである。そしてその孤独の病を少しでも癒そうと、あらゆる人に手を差し伸べたのだ。

◇**奇跡を示す生き方：コルベ神父**

コルベ神父（マキシミリアノ・マリア・コルベ）は、1894年にポーランドで生まれたコンベンツァル聖フランシスコ会の司祭である。戦前に日本の長崎でも活動した経歴を持つが、ポーランド帰国後に反ナチス活動をしたという理由でアウシュビッツ強制収容所に収容される。彼はそこで脱走者の見せしめとして処刑されようとしたひとりの若い囚人の身代わりを申し出て薬殺されたのであった。作家の遠藤周作は、著書の中でコルベ神父について次のように書いている。

> 彼は、ほかの連中と飢餓室に連れ込まれました。ひじょうに小さい、身動きができないような箱の中へ閉じ込められたまま、その日から水の一滴、パンの一片も与えられません。やがて当然、ほかの一緒に入れられた囚人たちは全部死にました。しかし、どうしたのか、この神父さんだけは、まだ生きていたのです。皆さんはここまで私が話すと、この時、何か奇跡が起こって、天からパンが来たとか、あるいは、この人が助かるような出来事が起こったと思うでしょう。〔中略〕
> 　私は、この神父さんが飢餓室の中へ閉じ込められた時、突然、天からパンが降ってきたり、あるいは天上から光が発し、ナチの目がくらんだというようなことが起こったとしても、それが奇跡だとは思いません。そんなことより、この神父さんが目の前で泣いている若い男のために、何の悲壮感もなく、「私は神父だから妻子がない、この人の身代わりにさせてください」と言って、その男のために飢餓室に入って死んでいった——この事実こそ、私は奇跡だと言いたいのです。
> 　（遠藤周作『私のイエス——日本人のための聖書入門』pp.174-176）

第1章 キリスト教とイエスの基礎知識

② 宗教権力者の偽善とたたかうイエス

　一般的にイエスは優しく穏やかな人物というイメージを持たれることが多い。しかし聖書には当時の宗教指導者たちと論争し、時には激しい憤りを露わにするイエスの姿が描かれている。イエスの怒りはどこに向けられていたのであろうか。イエスは物事の根源的な意味を見つめようとしていた。そのイエスから見ると、律法を守れているか否かだけを追及したり、自分は正しいという安全な立場から他人を裁く宗教指導者たちの姿は神の意に反すると映ったのであろう。イエスは、もっとも大切な律法は「**心を尽くし、精神を尽くし、思いを尽くして、あなたの神である主を愛しなさい**」「**隣人を自分のように愛しなさい**」（マタイ22：37、39）の二つであるという。この言葉からは、律法の根源にある精神を大切にしようとするイエスの想いが浮かび上がる。

　ギリシア語で「**偽善**」を意味する言葉は**ヒュポクリテース**で、本来「役者」を意味する。役者の仕事は、与えられた役割を人々の前で演じることである。イエスの目からは、当時の宗教指導者たちは清く正しい人を演じることはできても、それがその人自身の生き方になっているとは見えなかったのだ。

③ 敵をゆるし、愛の道を示したイエス

　十字架刑は当時のローマ帝国でもっとも残酷な処刑法であった。それは政治犯に対する刑で、何より民衆に対する見せしめであった。福音書はそれぞれ3分の1以上の紙幅を割いてイエスの最後の一週間を報告しているが、このことからも初期のキリスト者にとってイエスの十字架の出来事がいかに重要であったかがわかる。

　イエスが死の数日前にエルサレムへと入城した際、人々はイエスがローマの支配から自分たちを解放してくれるとの期待を込めて彼を熱狂的に迎えた。しかしイエスは群衆の期待に応えなかった。福音書を見ると、イエスは最後の一週間でほとんど奇跡を行わず、静かに十

33

字架への道を進んだことがわかる。そのため群衆はイエスに失望し、彼が捕らえられ裁判にかけられた時には「十字架につけろ」と叫んだ。ここには熱狂しやすく、期待通りにならなければ失望し、攻撃に転じる人間の姿が描かれている。

　それだけに、初期のキリスト教徒たちが十字架上で無様に死んだイエスこそメシアだと信じたのは不思議なことである。そこに何があったのであろうか。その理由としてまず、死の直前まで人をゆるし、愛のために生きようとしたイエスの姿が衝撃的であったことが考えられる。ルカによる福音書には、イエスが死ぬ直前に「**父よ、彼らをお赦しください。自分が何をしているのか知らないのです**」（23：34）と言って、自分を殺そうとする人のゆるしを神に祈る姿が描かれている。その死を見届けた百人隊長は「本当に、この人は正しい人だった」と言って神を賛美するが、これはそのままキリスト教徒たちの言葉であっただろう。人間はどこまでも自分がかわいいが、イエスは死ぬまで人のために生きたのである。12 弟子を含めた初期のキリスト教徒たちは、自分たちを被害者側に置き、イエスを死に追いやった人々を糾弾するようなことはしなかった。むしろイエスを裏切り、十字架に追いやったのは自分たちであると考えた。自分が正しいとは思えなかった人々によって、キリスト教は始められたのである。

　そしてもうひとつの理由として、旧約聖書にイエスの生涯を思わせるメシア預言が存在することが挙げられるだろう。旧約聖書にはさまざまなメシア預言があるが、それらの多くは超人的な力を持つメシアへの待望であり、人々がイエスに求めたのもそのようなメシアの姿であった。しかしイザヤ書の中に「**苦難の僕**」と呼ばれるメシア預言がある。代表的なものはイザヤ書 53 章 1-12 節で、そこには人の代わりに自らが傷つくことで人の傷を癒し、自分が死ぬことで周りに命を与えるメシアが描かれている。福音書にあるイエスの生涯は、まさにこの「苦難の僕」に共通したものである。初期のキリスト教徒が信じたメシアとは、進んで自分が痛みを負うことで周りを真実へと導くメシ

アであり、イエスがまさにその人であった。

④ 復活したイエス

　さらに、キリスト教徒たちは十字架で死んだイエスが「復活」したと信じた。これはいったいどういうことなのだろうか。福音書には、弟子たちの中に復活したイエスと会ったと報告する者たちがいたことが報告されている。しかし弟子たちの中でさえ、復活が信じられず戸惑った者がいたこともまた記されている。たしかに、死者の復活などは昔も今も信じがたい出来事であろう。

　イエスの復活物語の特徴は、その多様性にある。聖書には復活したイエスとの再会がさまざまな形で記されている。つまり復活の受け止め方、信じ方、そしてイエスとの出会い方には、多様性があるのだ。

復活のメッセージ

　イエスの復活から、どのようなメッセージを受け取ることができるであろうか。大きく分けて三つ考えられる。

　ひとつ目は、死がすべての終わりではなく、それを超えた世界があるというメッセージである。

　二つ目は、すでに課題は取り除かれているというメッセージである。復活の場面では数名の女性たちが「だれが墓の入り口の岩を動かしてくれるだろうか」と思案しながら墓に向かう。しかし到着してみると、岩はすでに動かしてあった。人は自分では動かすことができない多くの障害と直面しながら生きるが、「死」はその最たるものである。そしてこの場面での岩は、生と死を隔てる障害である。しかしイエスの復活においてはそれがすでに動かされていることから、復活物語はわたしたちが経験する障害がすでに動かされているという希望を与えてくれる。

　三つ目は、初心にかえれというメッセージである。もともとマルコによる福音書は、空の墓の前で神の使いが「イエスはガリラヤにおられ、そこで会える」と告げる場面で終わっていたという。ガリラヤとは、弟子たちが最初にイエスと出会い、福音を聞いた出発点である。つまりここでは失望と後悔を経験した者たちを、もう一度出発点へと導く希望が語られているのではないだろうか。

9　イエスの最後の一週間

　福音書の大部分を割いて書かれているイエスの最後の一週間を、マルコによる福音書を中心に見ていこう。

首都エルサレム入城（マルコ 11:1-11）

　ユダヤ教三大祭のひとつである**過越祭**の最中、イエスは多くの巡礼者と共にエルサレムへ入ってくる。エルサレムを見回った後、一度エルサレムを出てベタニア（**悩める者、貧しい者の家**という意味）という小さな村に泊まる。翌日、再度エルサレムに入城。

エルサレム神殿で大暴れ（マルコ 11:15-19）

　神殿で売り買いする人や両替人を追い出すなどの大胆な行為に出る。このことが神への冒瀆罪で訴えられる原因のひとつとなる。この出来事は「宮清め」とも呼ばれる。

捕らえようとする者たちとの論争（マルコ 11:27-13:37）

　権威についての問答を宗教指導者と行う。「皇帝のものは皇帝に、神のものは神に返しなさい」という。死の直前に命をかけたメッセージを語り、もっとも重要な掟は「心を尽くし、精神を尽くし、思いを尽くし、力を尽くして、あなたの神である主を愛しなさい」「隣人を自分のように愛しなさい」であると述べる。

最後の晩餐、ゲツセマネでの祈り、ユダの裏切りによる逮捕（マルコ 14:12-52）

　捕らえられる最後の夜に弟子たちと食事をする（最後の晩餐）。その後、ゲツセマネという小高い丘へ行き、祈る。そこには苦悩するイエスの姿がある。その後弟子のユダに裏切られ、逮捕される。

第1章 キリスト教とイエスの基礎知識

最高法院での審問、ペトロの否認、ピラト総督の尋問、死刑判決
（マルコ 14:53-15:15）

14 章 66-72 節には、裁判の様子を見にきたペトロがその場の人々に
「イエスの仲間」と問い詰められ、3 度否認したことが記されている。
ユダヤの最高法院は、神への冒瀆罪でイエスを石打ちの刑で処刑しよ
うとする。処罰の理由としては以下のことが考えられる。

・ユダヤ教ではみだりに口にすることが禁じられていた神聖な神に向
　かって、「アッバ（おとうちゃん）」と軽々しく呼びかけた。
・律法を軽視する発言が見られ、自ら律法を破る行動に出た。
・「宮清め」の出来事では神聖なエルサレム神殿を汚し、さらには神殿
　の崩壊を予告するという冒瀆行為に出た。

結局、ユダヤの最高法院は訴えに失敗する（そもそもローマ支配下の
ユダヤに死刑執行権はなかった）。そこで今度は地方総督ピラトに、
政治犯としてイエスを処刑するよう進言。十字架刑はローマでもっと
も残酷な死刑方法。刑罰上、イエスはローマ帝国の転覆を図った政治
犯として扱われたことになる。

十字架刑での死と埋葬（マルコ 15:16-15:47）

十字架の死を最後まで目撃したのは女性たち（四つの福音書で**マグダ
ラのマリア**がいたことがわかる）。12 弟子を含め、多くの弟子は逃げ
たようである。ユダヤ地方は父権制社会であるが、初期のキリスト教
では女性たちが重要な役割を演じていた。

復活の報告（マルコ 16:1-8）

イエスの墓を訪れた女性たちは「イエスはガリラヤで待っている」と
告げられる。ガリラヤとは、弟子たちがイエスと出会った始まりの場
である。自分たちも捕まるかもしれないと恐れて隠れていた弟子たち
がエルサレムに戻り、イエスのことを宣べ伝えはじめる。
ルカによる福音書 24 章 13-35 節には、イエスの死後にエルサレムか
ら逃げる 2 人の弟子が登場する。途中からイエスが共に歩き始めるが
弟子たちは「目が遮られ」イエスだと気づかない。しかし旅の後半で
一緒に食事をした際に「目が開けて」、イエスだと気づく。

10　地域から見るイエスの特色

> 先にゼブルンの地、ナフタリの地は辱めを受けたが、後には、海沿いの道、ヨルダン川のかなた、異邦人のガリラヤは、栄光を受ける。
> 　　　　　　　　　　　　　　　　　　　　　　　　　　（イザヤ書8：23）

　イエスが生きていた当時のパレスティナ地方の諸都市の位置と、イエスが活動した場所を見てみよう。主に**ガリラヤ**、**サマリア**、**ユダヤ**の三つの地域からイエスの活動の背後にある思いを想像してみたい。

ガリラヤを始点に

　ガリラヤは、宗教都市エルサレムから見ると辺境の地である（ヘブライ語ガーリールは「輪、周辺」という意味で、この言葉が地名の由来であるとの説がある）。他国との国境付近にあり、さまざまな文化の影響を受けていたため、純粋さを重んじるユダヤ地方からは「馬鹿なガリラヤ、異邦人のガリラヤ」と蔑まれていた地方であった。ナザレ出身のイエスの活動はここから始まっている。イエスの弟子の多くもこの地方出身である。イエスは中央ではなく周辺の弱い立場に立っていたのだ。

> 彼らは答えて言った。「あなたもガリラヤ出身なのか。よく調べてみなさい。ガリラヤからは預言者の出ないことが分かる。」　　（ヨハネ7：52）

第1章 キリスト教とイエスの基礎知識

サマリアと共に

地図に示した地域一帯はダビデ、ソロモン王治世下ではひとつのイスラエル王国であった。のちに王国は南北に分裂し、北イスラエル王国と南ユダ王国となる。北イスラエル王国（地図でのサマリア地方）は、紀元前722年にアッシリア帝国に敗れた際、他民族、異教徒が多く流入したとされる地域で、イエスの時代にはサマリア地方として知られていた。ガリラヤと同じくここもまた多くの人種や文化が混ざり合っているとして、首都エルサレムから嫌われた地域であった。イエスの時代、サマリア人とユダヤ人とは激しい敵対関係にあった。イエスのたとえ話の中に「**善いサマリア人のたとえ**」があるが、そこではサマリア人とユダヤ人との出会いが描かれている。イエスには、差別する者と差別された者、あるいは敵対している者同士が和解して、共に生きていくことを目指す視点がある。

> すると、サマリアの女は、「ユダヤ人のあなたがサマリアの女のわたしに、どうして水を飲ませてほしいと頼むのですか」と言った。ユダヤ人はサマリア人とは交際しないからである。
> （ヨハネ4：9）

ユダヤに対して

ユダヤは広い意味ではガリラヤ、サマリアをも含めたパレスティナ全体を指す呼び名であるが、狭い意味ではパレスティナの南部、エルサレムを中心とした**宗教的首都**を指す。そこにはエルサレム神殿があり、宗教的「聖域」であった。政治的、宗教的、経済的、社会的にも繁栄と権力が集中した地域である。イエスはユダヤ地方との連帯を目指すのではなく、さまざまな権力の中心、またその権力を支えている律法や宗教指導者に挑戦した。

> エルサレム、都として建てられた町。そこに、すべては結び合い、そこに、すべての部族、主の部族は上って来る。主の御名に感謝をささげるのはイスラエルの定め。
> （詩編122：3-4）

39

１１　イエスのイメージ

  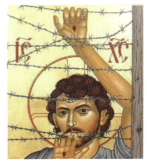

　①　　　　　　　　　②　　　　　　　　　③

　中東で生まれたイエスは、肌も毛も濃い色であったと考えられる。しかしキリスト教が西洋化されるのに伴って、イエスもまた白人のような姿で描かれることが多くなった。西洋キリスト教美術に描かれたイエスの多くは白い肌で金髪である。しかし世界にはイエスのさまざまなイメージが存在する。

① ベルナルディーノ・ルイーニ（1480/ 1482 頃-1532 年）の「キリスト」。これは作品の一部であるが、肌が白いキリストが描かれている。
② イギリスのテレビ局 BBC がイエスの特集をした際に紹介したもの。これはパレスティナ地方の人骨の骨格などからデータを採取し、約 2000 年前の一般的なユダヤ人の顔を復元したものである。イエス本人を特定するものではないが、当時の一般的なユダヤ人男性の特徴を捉えているため、実際のイエスと似た部分があるかもしれない。
③ アメリカ生まれのカトリック修道士ロバート・レンツが描いた「メリノールのキリスト」。これは社会の端に追いやられ、差別を受けた人々に寄り添い、仕えるイエスを描いている。世界の中で危険にさらされ、抑圧されている人々の中にイエスを見出そうとする絵である。

第2章

生き方を考えるイエスの言葉

1 切り捨てるべき？

「100匹の羊」（ルカ 15：1-7、マタイ 18：10-14）

人と神の関係：詩編 23 編

「100匹の羊」のたとえを理解するためには、ユダヤ教の伝統的な表現を知る必要がある。ユダヤ教では、**神と人間の関係を羊飼いと羊の関係にたとえて表現する**。羊は集団で生活する動物であり、先に行く羊が道を誤れば、後のものも皆間違った道を行ってしまう。だから羊たちが生きるためにもっとも重要なのは、群れを導く羊飼いの存在である。旧約聖書でこの比喩を用いて神と人間の関係を語っているのが詩編 23 編である。

人は欠けたところの多い存在であるが、詩編では神に導かれている時には「わたしには何も欠けることがない」（23：1）と告白されている。ここには、どのような出来事があったとしても、羊飼い（神）が必ず羊たち（人間）を青草が豊富な水飲み場へ導いてくれるという信頼がある。

神を信じることによってすべての苦しみがなくなるわけではない。わたしたちは人生において、思いもよらぬ苦境や困難を経験する。詩編 23 編 4 節の「死の陰の谷を行くときにも」という言葉にもそのことが表されている。しかしたとえ死を身近に感じるような厳しい道を歩んでいる時も、羊飼いなる神は必ず共にいて、それを乗り越えていくよう励ましてくれる。こう強く信じた人々の信仰が「100匹の羊」のたとえの前提となっている。

99 匹はどうなるの？

このたとえには理解しがたい点がいくつもある。「なぜ99匹を残していくのか。他の羊に危険が及ぶではないか」「なぜ言いつけを守ってきた99匹より、迷惑な1匹を大切にしなければならないのか」「迷

い出たのは自己責任だ」「1匹を切り捨てて、残りを世話した方が合理的ではないか」など、問いもさまざまであろう。

　たしかに99匹を残して1匹を探すことによって、残りの99匹がオオカミなどの獣に襲われたり泥棒に盗まれたりするリスクが増す。迷子になった羊が悪いのだから、そちらを切り捨てて残りの99匹を大切にすればいいという考えはもっともらしく思える。もし1匹と99匹のどちらかを失うのであれば、数だけで考えると1匹を失ったほうがよいだろう。たった1匹のために99匹を放置して探し回るのは非効率的であるし、迷惑な1匹を切り捨てたほうが話は早い。しかし、このたとえで語られているのは人間である。イエスの時代、人は「清い人」と「罪人」とに分けられた。関わると汚れが移るという理由で切り捨てられた罪人が多くいたのである。つまりイエスはこのたとえを通して、切り捨てられた人間の重要性に触れ、そこに向けられた神の愛を語ったのではないだろうか。

　もしこのたとえを道徳として語るなら、「周りに迷惑をかけないこと」「集団生活だから規律正しくあること」を強調しながら、「周りに多大な迷惑をかけたが、本人が反省して謝罪するのであれば、温かく迎えること」を勧めるに違いない。道徳では道からそれないこと、世間と同調することを求められることが多い。しかしイエスはここで道徳を語っているのではなく、たったひとりの大切さを語っているのだ。

理不尽な愛

　イエスが教える愛は、合理的な発想では捉えることが難しい。存在の重要性は、100分の1という視点では見えてこない。あくまで、かけがえのないひとりへのまなざしがそこにある。愛とは、他の99匹と比べて損か得か、ということではない。**愛は、目の前にいる人の大切さ**だけをひたすら見つめる視点である。わたしたちが効率を考えて1匹を切り捨てる場合、いったい何匹まで羊が減ってしまったら、切り捨てをやめて迷子の羊を探し始めるのであろうか？

イエスはたった1匹を探し続ける羊飼いの姿を語ったが、それは「**神は、そのような思いで『あなた』を見ておられる**」というメッセージである。99匹を忘れるほど必死になって、失われた1匹を追い求める神。非効率、愚かだと馬鹿にされても「あなた」を探し求める神の姿がここに語られている。

マタイとルカとの違い

同じ「羊のたとえ」でも、マタイ版とルカ版を見比べると、かなり大きな違いがあることがわかる。

マタイによる福音書	ルカによる福音書
18:10 「これらの小さな者を一人でも軽んじないように気をつけなさい。言っておくが、彼らの天使たちは天でいつもわたしの天の父の御顔を仰いでいるのである。18:12 あなたがたはどう思うか。ある人が羊を百匹持っていて、その一匹が迷い出たとすれば、九十九匹を山に残しておいて、迷い出た一匹を捜しに行かないだろうか。18:13 はっきり言っておくが、もし、それを見つけたら、迷わずにいた九十九匹より、その一匹のことを喜ぶだろう。18:14 そのように、これらの小さな者が一人でも滅びることは、あなたがたの天の父の御心ではない。」	15:1 徴税人や罪人が皆、話を聞こうとしてイエスに近寄って来た。15:2 すると、ファリサイ派の人々や律法学者たちは、「この人は罪人たちを迎えて、食事まで一緒にしている」と不平を言いだした。15:3 そこで、イエスは次のたとえを話された。15:4 「あなたがたの中に、百匹の羊を持っている人がいて、その一匹を見失ったとすれば、九十九匹を野原に残して、見失った一匹を見つけ出すまで捜し回らないだろうか。15:5 そして、見つけたら、喜んでその羊を担いで、15:6 家に帰り、友達や近所の人々を呼び集めて、『見失った羊を見つけたので、一緒に喜んでください』と言うであろう。15:7 言っておくが、このように、悔い改める一人の罪人については、悔い改める必要のない九十九人の正しい人についてよりも大きな喜びが天にある。」

ルカによる福音書では、イエスが徴税人や罪人たちと一緒にいた時に、ファリサイ派の人々から「あんなやつらと一緒にいる」と言われたことへの応答としてこのたとえ話が語られている。そして罪人と呼ばれる者が改心することが神にとって大きな喜びであるという結論

が示される。またルカでは、羊飼いが羊を「見失った」とあり、ひとりの存在の重要性が語られると同時に、当時いわば羊を飼う立場であった宗教指導者に向かって、「大切な羊を見失っているのではないか」と問いかけるイエスの姿が見える。

それに対してマタイによる福音書では、イエスは弟子たちに向かってこのたとえ話を語っている。またルカでは羊飼いが羊を「見失った」とあったのに対して、マタイでは羊が「迷い出た」とある。「見失った」といえば、羊を導く羊飼いに過失があるが、羊が「迷い出た」のであれば、羊の自発的な行動の結果であり、責任はどちらかといえば羊にあるだろう。

このたとえからは、マタイの教会では同じ教会の仲間の中で「こいつは価値のないやつだ」と軽んじられた人がいたらしい、ということがわかる。多くの人々の目には、迷い出た羊は群れのルールを守らない問題児に映ったであろう。しかし一方で、羊がその群れから飛び出す原因がそのグループにあったのかもしれないとも考えられる。

迷い出る人々とはだれか

では迷い出る人々とはいったいどのような人たちなのだろうか？ 1955 年にアメリカで始まった黒人の公民権運動を指導したマーティン・ルーサー・キング Jr.（1929-1968 年）という牧師がいる。当時アメリカではまだ人種差別が認められていた。

公民権運動が始まった時、アメリカには運動に協力した教会やクリスチャンもいたが、一方で人種差別を肯定し、白人至上主義を掲げた教会やクリスチャンもいた。人種による地位の差は神の御心であって、キングたちは神から与えられていない権利を主張している、と反論した人たちがいたのである。そうした人たちから見ればキング牧師は「迷い出たやっかいな羊」であっただろう。しかしキングたちは、当時当たり前とされていた人種差別を問い直し、社会の枠組みや教会の理解から迷い出て、声を上げたのである。キングたちは白人社会の中

では軽んじられた人々であったが、その社会の「当たり前」を問い直す勇気を持ち、大胆に行動することができた。ここには迷い出た羊の大きな価値が示されている。

クリスチャン新渡戸稲造が残した言葉

さらに、あるクリスチャンの言葉を紹介しよう。札幌農学校でクラーク博士から影響を受けた新渡戸稲造（1862-1933 年）である。彼は、国連の前身機関で事務次長を務めた初めての日本人であった。また日本が軍国主義に陥り、アメリカとの戦争を準備していた時期に非戦を訴えた数少ない人物のひとりである。新渡戸は次のような言葉を残している。

「To know（知ること）だけでは十分ではない。To do（それを実行すること）が大切である。しかしもっとも大切なことは、to be（あなたがあなたとして存在すること）である」（『新渡戸稲造と妻メリー』p.49）。新渡戸はひとりひとりが大切な存在として神から与えられた命を生きることがもっとも大切だと考えたのであった。

この言葉はイエスの教えに通じるところがある。イエスにとっては、**人間ひとりひとりが神の前に存在すること**（to be）が重要だった。そこには人種もジェンダーも社会的階級も関係ない。イエスはだれかが軽んじられている時、その人たちがそこに存在すること（to be）のために立ち上がったのである。

【ディスカッション】　グループに分かれて話し合おう
- ひとりの存在を軽んじてしまう時とは、どのような時だろうか。
- 詩編 23 編の羊飼いへの「信頼」と「依存」の違いはなんだろうか。
- どのような時に「自分は大切にされている」と感じるだろうか。

第 2 章 生き方を考えるイエスの言葉

2 なんだか不平等？

「ぶどう園の労働者のたとえ」（マタイ 20：1-16）

導入

　このたとえ話は、ぶどう園での労働に関するものである。パレスティナ地方では、ぶどうはとても身近なものであり、この乾燥した地域でぶどう酒は保存できる飲料としても重宝されてきた。収穫の時期には短期間にぶどうを摘む必要があり、多くの人手を必要とする。このたとえ話は、早朝から何度も出かけては人手を集めるぶどう園の主人の姿で始まる。

絵に描かれた人たちは何をしているのか

　具体的な話に入る前に、このたとえ話に通じる現代の風景を見てみよう。下の絵はアメリカ・カリフォルニア州でよく見られる町の様子を描いたものである。中南米出身と思われる人たちが描かれているが、何をしているところかわかるだろうか？　彼らは仕事を得るため、朝早くから街の決まった場所に集まるのである。するとトラックや大きなバンがやってきて、人を選んでは車に乗せていく。そうして必要な時だけ利用できる安価な労働力として、農場や建設現場へと送られていく。ここで**選ばれるのはいつも、健康でよく働きそうな人々である**。カ

47

リフォルニアは果物が安くて美味しいが、それを可能にしているのは
こうした安い賃金で雇われる移民の労働者たちなのである。

たとえ話の背景

　このたとえ話では、主人は夜明けとともに働き手を求めて街へと出
かける。そして最初に見つけた労働者たちを１デナリオンの賃金を払
う約束でぶどう園へと送り出す。１デナリオンは当時の日雇い労働者
の１日分の賃金であり、ここでの賃金は妥当な額である。それでも人
手が足りなかったのであろう。続けて午前９時、正午、午後３時、そ
して午後５時と、次々に労働者と契約を結んでいく。ここまでは順調
だが、問題は賃金が支払われる時に起こる。

　ぶどう園の主人は最後に来た者（１時間しか働かなかった人）から
約束の１デナリオンを手渡していく。すると当然、朝からずっと働い
た者は「もっともらえる」と期待して列に並んでいた。それなのに、
最後に来た者たちと同じ１デナリオンしかもらえなかったため、彼ら
は不満を爆発させる。これは経営者として賢いやり方とは言えないだ
ろう。

【ディスカッション】　　グループに分かれて話し合おう
- このたとえ話において一番納得できないことは何だろうか。
- 最後に働き始めた労働者はどのような人物に思えるか。
- このたとえ話を通してイエスは何を伝えたかったと思うか。

　多くの人にとって、この話は理不尽なものに映るはずである。たく
さん働いた人と少しだけ働いた人が同じ報酬を受けるからである。こ
れでは「一生懸命働いた者が損をするではないか」という気持ちにな
る。この「イエスの話は受け入れがたい」という想いを大切にしたい。
なぜなら、わたしたちの常識では理解できない部分にこそイエスの意
図が隠れているからである。イエスが語る神の愛は、道徳や一般的な

価値観では理解しがたい側面を持っている。

　イエスは「天の国は次のようにたとえられる」とこの話を語り始めた。つまりここでは「神の国」が問題となっているということだ。聖書の「神の国」とは天国や死後の世界のことではなく、神の想いや願いが完全に全うされている世界のことを指す。人間の社会は人がつくったルールに則って動いているが、神の国とは神の想いが働いている社会であると考えられていた。つまり、このたとえ話を通してイエスは「神はこんなことを大切にしておられる」と教えようとしている。

【理解を深める問い1】　夕方まで残っていた人はだれか

　当時、ローマ帝国支配下にあったユダヤでは今のように仕事は細分化されておらず、弁護士、裁判官、教育をすべて宗教指導者（ラビ）たちが担当していた。つまりそれ以外のほとんどの者が何かしらの肉体労働に従事していたということだ。それは体力勝負で、使いものにならなければ価値がないとされる世界である。アメリカでの労働者の実態と合わせてこのたとえ話を読むと、登場人物の姿がもう少し鮮明に見えてこないだろうか。

　わたしたちは、いつの間にか「1日働く働き者」と「1時間しか働かない怠け者」という構図でこの物語を読んでいる。しかし主人が最後に労働者を集めて広場に行った時、「なぜ何もしないでいるのか」という問いに対して、労働者たちは「だれも雇ってくれないのです」と答えている。つまり彼らは仕事を求めて朝から立ち続けていたのだ。しかし彼らが最後まで選ばれなかったのは、ひ弱そうに見えたり、病を持っていたり、怪我をしていたりと、当時の社会で働くに値しない者とみなされ、だれの目にも留まらなかったからであろう。わたしたちは働いた時間に応じてその対価（賃金）を支払うことこそ公平であると感じる。しかし現実においては、そもそも働くということ自体が困難な状況にある人もいるのではないだろうか。

【理解を深める問い２】　１デナリオンが持つ意味

　ここでもうひとつ思いを巡らしておきたいのは、このたとえ話の中で語られている賃金は、けっして贅沢や「自分へのご褒美」に使えるようなお金ではない、ということである。１デナリオンという賃金は、その人やその家族が１日を生きるために最低限必要な金額である。つまりこのイエスのたとえ話からは、**神はひとりひとりが今日生きていくために必要なもので満たされることを望んでいる**、ということを読み取ることができるのではないか。

　その日１日を生きるのに必要なものは、それぞれの環境や状況によっても変わるだろう。飢えが支配するアジアやアフリカの地域では、何よりも食べ物が必要だろうし、貨幣社会では食べ物を買うためのお金が必要だろう。教育を受けられない人たちにとってそれは教育の機会かもしれない。物質的には豊かでも精神的に貧しい国では、今日を生きるための希望や愛されている実感が何よりも必要とされているかもしれない。わたしたちがその日を生きるために必要なものは国や社会、その人の置かれる状況によって変わるかもしれないが、神は人がその日生きるために必要なもので満たされる世界と社会を望んでいる、と考えることができる。

【理解を深める問い３】　最初の者か、最後の者か

　わたしたち自身は、「朝から働いた者」と「最後に来た者」のどちらなのだろうか。心身ともに健康な人間ならば、あるいは常に自分を「朝から働く者」の側に置いて考えるかもしれない。しかし少し視点を変えてみると、自分が「最後に来た者」の側にいるのではと気づかされる。たとえば、わたしたちが普段意識にとめることもなく享受している「基本的人権の保障」は、わたしたち自身が闘って勝ち得たものではない。しかしわたしたちはその恩恵を受けている。つまり世界中で公民権運動などを通して人々がようやく得てきた権利をわたしたちは生まれながらにして享受している。戦争の時代に生きた人の犠

牲の上に、平和を味わいながら生きている。こう考えると、自分もま
た労働の対価以上に恵みを受けている最後に来た労働者のような存
在であることを発見しないだろうか。

「当然の権利」から「恵み」へ

　このたとえでわたしたちの多くは、神（ぶどう園の主人）は不公平
だと感じる。ここでの不満は、後から来た者と自分たちとが同じ扱い
を受けたという不公平感にあり、それはだれかと比べる時に起こる感
情的なものである。しかし自分自身にも自分の働きや値打ち以上のも
のが与えられていることに思いを馳せてみよう。自分が「朝から働い
た者」だと考える時、ここでの賃金は、**受けるべき報酬**となり、**当然
の権利**となる。しかし、その働きに値しないにもかかわらず、それ以
上のものを与えられていると知る時、それは**恵み**に変わる。大切なこ
とは、わたしたちの功績や条件とは関係なしに、神は時に多くのもの
を与えておられるということである。この「神の愛」の不思議さ、理
不尽さに出会う時に、大きな喜びがある。イエスはこのたとえ話を通
して、人の価値は他のだれかと比べて決まるのではなく、ただその人
の存在そのものにあること、神の愛は無条件のものであることを伝え
ようとしているのかもしれない。

【振り返りとして】

- 自分の周りに、このたとえを連想させるような現実があるか、探
  し出してみよう。
- 絵本『サンガイ　ジウナコ　ラギ──みんなで生きるために』（ディ
  ヨ伊予、2008 年）を読んでみよう。ネパールで医療活動をしたひ
  とりの医師の体験から、「共に生きる」視点について学ぶことがで
  きる。

3 人間らしさ？

「善いサマリア人のたとえ」(ルカ 10：25-37)

　このたとえには親切なサマリア人が登場する。キリスト教でいう隣
人愛とは何だろう。隣人とはだれのことで、どのようにして見出すこ
とができるのだろうか。

議論の始まり

　このたとえはイエスと律法の専門家とのやりとりの中で語られて
いる。律法の専門家は宗教的なリーダーであり、人々の尊敬を集める
存在である。彼は「イエスを試そうとして」、「永遠の命を得るために
はどうしたら良いか」と議論を仕掛けたようだ。

　この「永遠の命」とは、いわゆる不老不死のことではない。聖書に
は命を表すギリシア語が少なくとも二つある。ひとつは**プシュケー**で、
生物としての命のことをいう。もうひとつは**ゾーエー**で、ここで「永
遠の命」と訳されているのがこの言葉である。これは永遠の神との関
係の中で見出す命、永遠の神とつながっている命、生きる喜びや安心、
希望が満ちているような命を意味する。

　イエスは律法の専門家の質問に答えず、逆に「あなたはどう教わっ
てきているか、どのように聖書を読んでいるか」と問いかける。専門
家は、幼少の頃から「神を愛し、隣人を自分のように愛せ」と教えら
れてきたと答える。するとイエスは「正しい答えだから実行しなさい」
と勧めるが、専門家は納得しない。彼は、それはユダヤ人ならだれし
も幼い頃から心がけてきたことだと反論し、自分を「正当化しようと
して」こう問いかける。「隣人とはだれですか？」するとイエスがひ
とつのたとえ話を語る。それがこの「善いサマリア人のたとえ」であ
る。

４人の登場人物

　たとえ話の舞台であるエリコに至る道は、当時追いはぎがよく出る物騒な道として知られていた。この道を舞台に４人の人物が登場する。「ある人」「祭司」「レビ人」「サマリア人」である。イエスがユダヤ人に語りかけていることを考えると、「ある人」はユダヤ人であると見るのが妥当である。このユダヤ人は強盗にあい、半殺しにされて道に倒れている。すると運よくユダヤ人の指導者たちが通りかかる。「祭司」とは神殿で働くユダヤ教の指導者である。「レビ人」は祭司の補助をしながら宗教祭儀に携わる人である。しかし彼らは、倒れている人を避けて道の反対側を通り過ぎてしまった。「サマリア人」はもともとユダヤ人と共に古代イスラエル王国を構成していたが、イエスの時代には互いに反目していた人々である。ユダヤ人の中には、神からの基本的な恵みである日々の食事をサマリア人と一緒にしてはならないという教えまであったという。

なぜ通り過ぎたのか？

　なぜ祭司やレビ人は同胞を見捨てて通り過ぎたのだろうか。当時の状況を踏まえると、いくつかの理由が考えられる。ひとつは、この時祭司は汚れることを恐れたのではないかという見方である。当時死体や血に触れると汚れると考えられており、祭司たちは一度汚れを負うとしばらく祭儀を執り行うことができなかった。清くあらねばならない祭司たちは、常に徹底して汚れから距離をとっていたのである。位の高い祭司は、父母の遺体に触れることさえ禁止されていたという。

　二つ目は、当時祭司たちが多額のお金を持っていたからではないか、というものである。当時ローマが課した税金とは別に、神殿税というものがあった。祭司たちはそれを集めて回っていたという説がある。つまりこの時、絶対に奪われてはいけない多額のお金を祭司やレビ人が持っていた可能性があるのだ。当時の追いはぎたちの手法として、半殺しにした者をわざと放置し、助けるために立ち止まった者を続け

て襲うことがあった。こうしたことを考えると、祭司やレビ人は祭儀
を執り行う大切な責任を何よりも優先させていた、と考えることがで
きる。そして、ここで立ち止まることは、自らも襲われるリスクを犯
すことであった。

善いサマリア人を素直に褒められない状況

　最後に通りかかったサマリア人だけが、その場で立ち止まり、倒れ
た人を介抱し、ロバに乗せて宿屋まで連れて行った。そして2デナリ
オン（日雇い賃金の2日分）を宿屋の主人に渡し、さらに費用がかか
れば帰りに払うと言い残して立ち去った。一説によると、安い宿なら
ば、当時1デナリオンで20日泊まることができたという。

　普通ならこのあまりに親切な人物を皆で賞賛するところだが、話は
そんなに単純ではない。**このたとえ話を聞いたユダヤ人にとって、こ
れは素直に受け止められない、胸がざわざわとする話であったに違い
ない**。なぜなら、自分たちの同胞が憎きサマリア人に助けられ、その
一方で自分たちの代表者は通り過ぎていった、という話だからだ。

イエスの視点とわたしたちの視点

　隣人とはだれか。わたしたちはたいてい自分によくしてくれる人、
友人や家族は大切にしたいと思う。「わたしの隣人とはだれか」と問
う律法の専門家の発想は、隣人を限定しようとしており、その枠に入
る人だけを大切にしようとしている。たとえばナショナリズム（国家
主義）は、この枠を自分の国とそれ以外との間にあからさまに設定す
る。それに対して、イエスはこのサマリア人のように**「出かけて行っ
て、あなたが人々の隣人となっていきなさい」**と教える。この考えに
は、隣人の枠組みや制限が一切ない。イエスのいう「隣人」は状況や
立場によって無限の広がりを持つ概念なのだ。**自分が出会っていく人
の隣人となる**、それは創造的な視点である。これがイエスの視点の新
しさであった。

第2章 生き方を考えるイエスの言葉

わたしたちは知らないうちに自分の仲間の範囲を設定しながら生きている。しかしイエスはその枠を壊し、自分から飛び出して行動し、だれかの隣人となっていきなさい、と勧めるのである。

自分の持っているものを惜しみなく差し出すサマリア人の姿は、自らの命を差し出したイエスの姿と重なる。倒れているユダヤ人がわたしたち人間であり、それを介抱しようとするのがイエスだと捉えることもできるだろう。ここにはイエスの「わたしは出かけて行ってあなたの隣人となる」というメッセージが込められているとも考えられる。

自分が問われるということ

以下の文章は、ある高校1年生が書いたものである。

> ある朝、学校にいく時に乗る電車のホームで男の人が倒れていました。わたしも含め、だれもその人に声をかける人はいませんでした。でも、ひとりの男の人がその人に声をかけて、駅の係の人を呼び、その人を助けようとしました。私はなんだかこわくて、何もできなかったけれども、すっと人を助けることができるその人に感動しました。

この高校生は、何もできなかった自分を振り返っている。このような思いを経験した人は、次に同じことが起きた場合に行動に移すことができるだろう。しかし、理由をつけて「仕方がなかった」と正当化してしまう人は、次も行動を起こさないのではないだろうか。人は簡単に傍観者になってしまう。面倒なことから逃げる生き方から引き戻してくれるのが、当事者意識すなわち「**自分が問われる**」ことなのである。

【ディスカッション】　グループに分かれて話し合おう

- 自分が祭司のような行動をした時のうまい言い訳はあるだろうか。
- ユダヤ人とサマリア人との関係を、現代のさまざまな関係に置き換えると、どのような例が考えられるだろうか。
- わたしたちが社会のルールを重んじ、また組織の決まりや秩序に忠実なあまり人の命を軽んじてしまう時とはどんな状況だろうか。

4　本当の自分？
「放蕩息子のたとえ」（ルカ 15：11-32）

　わたしたちは自分を見失い、衝動的に行動しては後悔することがある。そして、また新しい自分に気づくこともある。わたしたちが本来の自分を取り戻すのは、いったいどのような時であろうか。

家族というつながり
　「放蕩息子のたとえ」は、親子のつながりがテーマになったたとえ話である。物語では父親の大きな愛を受けて、下の息子が本当の自分を取り戻していく。
　伝統的にユダヤ教やそれに続いたキリスト教では、神と人間の関係を父と子の関係で表現するので、この父親は神を指していると考えることができる。
　わたしたちは「家族」に対してどのような印象を持っ

レンブラント作「放蕩息子の帰郷」

ているだろうか。多くの人にとって家族とはもっとも近い存在であるが、時に理想とされる家族像と現実との違いに苦しむこともあるだろう。温かい家族は理想ではあるが、実際には家族という身近な関係だからこそ傷つけ合うことも多い。

神へのさまざまな呼びかけ

　キリスト教は伝統的に神を父親のイメージで捉えてきたが、近年、神をさまざまなイメージで捉えようとする教会が世界的に増えてきている。神のイメージを「父」以外に広げる理由はさまざまであるが、ひとつは父親から虐待を受けている人への配慮からである。「神は父親のようにあなたを守る存在だ」と言われても、実際の父親に虐待された過去を持つ人もいる。また、固定化された社会的な性の役割に見直しが加えられている中で、当然ながら神のイメージももっと豊かであるべきだと考える人は多い。そしてなによりも、「神は父」というイメージはもともと男性中心主義的な社会でつくられたものであり、それを繰り返し唱えることで男性の優位性という誤った考えを正当化してしまう危険がある。こうした問題に意識的な教会では、讃美歌や祈りの中で、「父」という言葉だけでなく、「親」や「母」という言葉も使うなど工夫がされている。

「探す」シリーズ三部作のクライマックス

　ルカによる福音書15章を見ると、「放蕩息子のたとえ」の前に「見失った羊のたとえ」、「なくした銀貨のたとえ」という二つのたとえ話がある。これら三つのたとえ話に共通しているのは、**「見失ったものが見つかる」**という筋書きである。そして「放蕩息子のたとえ」がこれらのクライマックスとして置かれている。

　イエスが生きた時代は戒律が厳しく、そこから外れると罪人とされた。一度罪人の烙印を押されるとそれを覆すことは難しい。そのような状態が続けば、自分でも自らを必要のない存在と考えてしまうだろう。そんな時代の中で「放蕩息子のたとえ話」は、**あなたは自分を見失っていないか、だれかを見失っていないか**、と問いかけていたのではないだろうか。

57

ひたすら親不孝な息子

当時ユダヤ社会は父親の力が強い父権制社会だったが、このたとえ話にはその父親の存命中に遺産を分けてくれと頼む無礼な息子が登場する。今でこそ「生前贈与」という言葉があるが、当時、親が生きている間に財産分与を催促するような失礼はありえなかった。イエスは、そのような親不孝者の姿を語り出す。

放蕩息子

生前贈与を要求し、外国で贅沢をする

底辺の生活を味わった時に我に返る

父の元に返ることを決意する

この息子は、父親のもとで生きることが苦痛だったのだろうか、受け取った財産を持って外国へ行き、そこで贅沢の限りを尽くす。最初はよかったが、お金を使い果たした時、彼には助けてくれる人がひとりもいなかった。散財している時は多くの人が寄ってきたのに、無一文になった時に食べ物を分けてくれる人はいなかったのである。

我に返る息子

息子が底辺まで落ちたことがわかる記述がある。彼は食べることに困って「豚の世話をした」とある。ユダヤ教には食物規定があり、汚(けが)れているとして食べることを禁止されたものがあった。その中に豚が入っており、当時のユダヤ人は豚を食べることはおろか、豚に触れることも極力避けた。そんな豚の世話、しかもその餌を食べてでも空腹を満たしたい、とはまさに極限状態であり、落ちるところまで落ちた人の姿を表している。そんな状況の中、彼は実家での生活を思い起こす。そこで自分は有り余るもので満たされていた。この時彼は「**我に返って**」(ルカ 15：17)、家に帰ることを決心する。しかし父に不義理をして分けてもらった財産まで失った自分には息子の資格はないと考え、雇い人のひとりになってもいいと覚悟を決めたのである。

大歓迎する父

　彼が実家に帰った時、まだ遠く離れていたのに、父親の方が先に彼を見つけて走り寄り、抱きかかえて接吻し、彼に指輪をはめるよう使用人に言いつけた。接吻とは強い愛情表現であり、またここでの指輪は、その人物が正当な後継者であることを表している。つまり息子は家族の関係を断たれたと思っていたのに、父親の方は彼をなお自分の息子であると考えていたのである。

　聖書には父親が息子を見つけた時、「憐れに思い」とある。この言葉は「内臓」を意味する言葉に由来し、**自分の一番大切な場所が引きちぎられるような思いで相手の前に立つ感情を表す**。イエスはここで、人がどれほどの失敗を犯し、またどれほど悪態をついて神から離れようとも、神は痛みを抱えながらその人を心に思い続けている、と語る。この大きな愛の中で、人は**本当の自分を取り戻す**のである。

愚かでナイスな神

　しかしこの父親は息子に甘すぎるようにも思えないだろうか。普通なら「やっと自分の愚かさを思い知ったか。若く未熟なお前はわたしの言うとおりに生きなさい」と説教をしてもよい場面であろう。しかしこの父親は叱ることもせず、息子を抱きしめて大宴会を開く。このような姿は愚かにすら見える。

　英語で「よい」「快い」「親切な」を意味する言葉はナイス（nice）であるが、この言葉は「無知の」「愚かな」を意味するラテン語「ネスキウス」（nescius）から来ている。本当によいことや親切なことは、人の目に愚かに見えるのかもしれない。逆に言えば、馬鹿になる覚悟がないと人の心を動

まだ遠く離れていたのに、見つけて近寄り抱き寄せる

愚かに映る父。ナイスの語源はネスキウス（愚かという意味）

かす「ナイス」なことはできないのかもしれない。

イエスがここで語る神とは、本当に「よいこと」のため、またわたしたちを見つけ出すためには、馬鹿になる存在である。他を残してまでたったひとりを探す愚かさ。見つけるまでは絶対に諦めない愚かさ。見つけると財産を惜しまず使って宴会を開くような愚かさ。そして、失われていた者の価値がだれの目にも明らかになるように、多くの人と喜びを共有しようとする、どこまでも愚かな神が語られている。

なんだかかわいそうな兄

物語はここで終わらない。兄が宴会の場に帰ってくるのだ。すべてを自分に押しつけて出ていった弟が財産を食いつぶして戻ってきた。しかも父はその勝手な弟を許し、宴会を開いて喜んでいるという。兄は父に「今までわたしは何年もあなたに従順であったのに、こんな扱いを受けたことがない」と訴える。わたしたちは、この兄の気持ちがよくわかるのではないだろうか。自分の中に似た体験があればなおさら、要領のよい弟を疎ましく思うだろう。真面目に取り組んできた自分はいつも損をしてきた、と。

兄をよく観察してみると、かわいそうな生き方だと思えてくる。なぜなら彼には生きる喜びが見えず、むしろ父と一緒にいるのを義務と感じているように映るからだ。弟が転落の末に気づいたように、父の近くにいるということは有り余るもので満たされる生活が約束されているということだ。しかし兄は弟と比べて自分は不公平に扱われていると不満を爆発させている。自分はいい子にしてきたのだから、もっといい待遇を受けるべきだと主張するその姿は、「自分たちは正しく生き、神に近い」と自負した当時の宗教指導者たち

兄
↓
常に正しいと自認する兄は、弟をゆるす父が理解できない

兄もすべてのものを引き継ぐ存在であるが、そこには喜びが感じられない

の姿と重なる。そこには喜びがなく、他人を裁くことでしか自分を正当化し、満たすことができない。

「死んでいたのに生き返り、いなくなっていたのに見つかった」

　わたしたちは現在の生活を当たり前だと考え、そこにある価値や喜びを見失うことがある。また自分勝手に生きて周りの人が見えなくなることがある。そうした姿を「死んでいた」「いなくなっていた」状態だと考えることもできるだろう。それに対してイエスは、溢れるほどに注がれている神の愛のまなざしの中で、本当の自分を取り戻すように勧める。価値ある自分を発見し、その存在の意味を取り戻すのは、神の愛の中で自分を捉えた時なのだ。イエスはその瞬間をこのたとえ話の中で「生き返り、見つかった」という言葉で表現する。そこには大きな喜びがあるのだ。

【ディスカッション】　グループに分かれて話し合おう

- 兄と弟のどちらに共感できるか。その理由を話し合おう。
- 父親の下の息子への最善の対応とはどのようなものか。
- 過ちを犯した者は絶対にゆるされるべきではないと考えるか。
- 自分の存在が心から大切にされていると感じた体験や出来事はあるか。あるいは、どのようにされれば大切にされていると感じることができるだろうか。

5　自分だけで完結する賜物？

「タラントンのたとえ」（マタイ 25：14-30）

それぞれに与えられた賜物

このたとえ話には「**タラントン**」というお金の単位が出てくる。英語のタレント（talent）は「生まれつきの能力」を指す言葉で、本来は神から与えられたとしか思えない賜物を意味する言葉だが、この「タレント」の語源が「タラントン」である。わたしたちのタレントとは何だろうか。それはどのようにして豊かになるのだろうか。

自分のことはよくわからない

そもそもわたしたちは、自分の性格、長所や短所を正確に把握しているだろうか。実は自分で自分のことをきちんと理解できていないということはよくある。自分が得意に思っている部分を他人がまったく評価してくれないこともあれば、周りの人が自分では気づかなかった部分を高く評価してくれることもある。

カリフォルニア州立大学サンフランシスコ校の心理学者ジョセフ・ルフトとハリー・インガムが発表した「対人関係における気づきのグラフモデル」というものがある。このモデルは発案者二人の名前をつなげて「ジョハリの窓」と呼ばれるが、それによると人にはそれぞれ四つの窓が存在する。それらは「公開されている自己」（Open

self)、「隠されている自己」(Hidden self)、「自分は気づいていないが他人には知られた自己」(Blind self)、そして「まだだれからも知られていない自己」(Unknown self)である。わたしたちのタレントもこの四つの側面があるのではないだろうか。

【ディスカッション】　グループに分かれて話し合おう
- 最後のしもべの行動をどのように評価するか。
- グループ内の他の人のタレントを言い合ってみよう。
- イエスはこのたとえを通して何を伝えようとしたと想像するか。

「価値」とは普遍的なものか

　このたとえ話では、しもべに渡された金額に最初から差がつけられており、不公平に見える。他人と自分との間で容姿や能力の違いについて悩んだことのある者なら、「あの人にはいいところがたくさんあるのに、自分には何もない」と思ったことがあるかもしれない。わたしたちは他人と自分の価値を比べては失望し、それを与えた神や運命に不満を抱くことがあるが、そもそもその**価値はいったいだれがつくる**のだろうか。

　いわゆる見た目の美しさやファッションの流行は、時代とともに変わっていく。日本でも美の基準は時代とともに変わっている。つまり人の価値観は普遍的なものではなく、常に時代や地域、そして他の文化との接触によって大きく変わっていくのだ。

　人間の価値観を基準に神に不満を持つということは、人間の価値観に沿った神を思い描くことである。そのような神とは本当に信頼できる存在だろうか。人の考えから自由な神が与える賜物とは、**人間の価値観に左右されないもの、あるいは人と比べて価値が変わらないもの**といえるのではないだろうか。

ここで語られるタレントは莫大な価値

　1タラントンは6000デナリオンである。1デナリオンは当時の日雇い労働者の1日分の給料であるから、1タラントンとは約16年間休まず毎日働いてようやく稼げるほどの大金だ。当時、日雇い労働者は2日に1日仕事があればよかったという見方を採用すれば、32年分の給与となる。当時の平均寿命の短さを考慮すると、これは一般の人が一生かけても貯めることのできない大金だった。イエスの話を聞いていた群衆の多くは貧しい人々だったので、イエスはここで人々がそれまで見たこともないような大きな金額、すなわち人と比べる必要もないほど大きな価値の話をしていることになる。

　わたしたちはこのたとえにおける1タラントンと5タラントンの差を能力や信頼の差として考えがちだが、ここでの金額の大小は価値の大小ではない可能性がある（ルカ19：11-27では単位は「ムナ」で、皆が同じ金額を受け取っている）。ここでは**それぞれ違う賜物が与えられている**と考えたい。つまりイエスは他人と比べて自分の賜物をはかる必要はないということ、そして神はそれぞれに想像しがたいほど豊かな賜物を預けていることを語っているのではないだろうか。そしてイエスの話は、それをどのように用いるかという運用の問題を扱っていく。

お金を隠した者への叱責は正しいか

　このたとえ話では、預けられたタラントンを商売で2倍に増やしたしもべたちは主人に褒められ、土に埋めたしもべはすべてを取り上げられて追い出される。はたしてお金を土に埋めることは叱責されるようなことだったのだろうか。タラントンがお金だと考えると、当然この疑問が出てくるだろう。最初の二人はたまたま商売で成功したからよかったが、失敗をしてすべてを失うリスクもあったのだ。それに比べて、お金を土に隠すことはそのリスクを回避したようにも見える。

　しかし、しもべたちに預けられたものがお金ではなく、賜物や才能

だったらどうであろうか。もしこれが神からもらった豊かな賜物を土の中に隠し、一度も用いることなく人生を終えることだとすれば、この話は違った印象を与えるだろう。せっかく他人と比べる必要がないほど豊かなものなのにしまい込まれた賜物は、使われずに有効期限を過ぎて捨てられてしまう商品券のようである。

イエスは他のいくつかのたとえ話と同様に「神の国はこのようなものである」と前置きしてこのたとえを語り出す。神の望みは、ひとりひとりがかけがえのない賜物を受け取り、それを用いてこの世界を生きていくことなのである。

賜物を豊かに用いるために必要なこと

では、「賜物」を豊かに用いることができるのはどのような時だろうか。タラントンを増やしたしもべたちに共通しているのは、「商売」をしたことである。「商売」を意味するギリシア語には、**「交換する」**という意味もある。確かに商売とは、何かと何かを交換して初めて成り立つ。与えられたタラントンを人との関わりの中で「交換」するイメージで考えてみよう。神が与える賜物とは自己の中で完結するものではなく、出会った人と分かち合い交換し合う中で、さらに豊かなものへと変えられていくのだ。

イエスのたとえ話では、しもべたちが「それぞれの力に応じて」タラントンを預けられている。つまりここでは、ひとりひとりのことをよく知った神がそれぞれにふさわしい賜物を与えている。そしてその与えられた賜物をわたしたちがどのように用いて生きるかが神の関心事なのだとイエスは言っているのではないだろうか。

【振り返りとして】
- この社会では、どのような基準で人の価値の優劣が決められているだろうか。
- 周りの人と比べる上で、自分が意識してしまう事柄とは何だろうか。

6 　何を求めて生きるのか？

「愚かな金持ちのたとえ」（ルカ 12：13-21）

　このたとえは財産に関する話である。貨幣社会で生きていくにはお金が必要だ。人は最低限の生活に加えて、趣味や楽しみを充実させるためにも働いて金銭を得ている。自分は何のために働いているのか、またその目的は本当に価値があるものなのだろうか。このたとえ話に登場する「愚かな金持ち」は、思いもよらぬ方法で、この問いを突きつけられている。

【ディスカッション】　グループに分かれて話し合おう
- 身近にいる大人の生き方、働き方はどのように映っているか。
- 自分が成人し、やりがいを感じる仕事に就いていたとする。突然、一生遊んで暮らせる遺産が舞い込んできた時、その仕事を辞めるかそれとも続けるか。その理由は何か。

今日の富の問題

　この世界は地域によって富の格差が大きい。長く地球の南半球と北半球における富の格差の問題が叫ばれてきた。地球を北側と南側に分けると、北側にヨーロッパ、アメリカ、カナダ、そして日本などが入り、南側には多くのアジアの国々、アフリカやラテンアメリカの国々が入る。そこに圧倒的な経済格差が見られるのである。そしてこの格差は経済システムや搾取の構造と深く結びついており、なかなか簡単には解決できない。

　わたしたちの暮らす日本社会ではどうだろうか。厚生労働省がまとめた国民生活基礎調査によると、「子どもの貧困率」（平均的な所得の半分を下回る世帯で暮らす 18 歳未満の子どもの割合を示す）は、2012年に 16.3％と過去最悪の数字を更新した（2018 年は 13.5％。新基準で

は14.0％）。これは、**6人に1人の子どもが圧倒的に所得が少ない家庭で生活している**ということだ。貨幣社会では食べ物や着るもの、住むところのみならず、教育を受けるためにもお金が必要であるが、母子家庭や非正規雇用で働く親の家庭など、安定した収入が得られない家庭は今後もさらに増えると予測されている。貧困の問題は今や日本の大きな社会問題である。

　また格差の問題を考える時、男女間の差も見逃すことができない。日本では男性に比べて女性の収入は圧倒的に少なく、正規雇用の割合も低い。妊娠・出産などで職場を離れる割合が男性よりも多いことは想像できるが、そこには社会的な性別役割（ジェンダーロール）に基づく価値観が影響しているのではないだろうか。

　日本は企業のトップや大学教授、国会議員などにおける女性の割合が他国に比べて極端に低い。その意味でも日本には男性中心の構造が残っており、女性にとっては働きにくい社会といえる。

聖書と富の問題

　聖書は、富の問題についてどのように考えているのであろうか。旧約聖書には、富は神から与えられるもので、豊かさは神に祝福された結果と見る傾向がある。公正な手段で手に入れた場合に限るが、多くの家畜や財産は神に従順な者への見返りと考えられている。旧約聖書の中には、貧困に陥らないよう読者を諭す箇所もある（「金持ちの財産は彼の砦、弱い人の貧乏は破滅」箴言10：15など）。

　では貧しいことが神に不誠実だった結果と常に受け止められているかというと、そうでもない。むしろ貧しい人を励ますような箇所も見受けられる。「貧しい人の一生は災いが多いが、心が朗らかなら、常に宴会にひとしい」（箴言15：15）。「貧乏でも、完全な道を歩む人は、二筋の曲がった道を歩む金持ちより幸いだ」（箴言28：6）。しかし全体的に聖書はお金を多く得ること自体を敵視したり戒めたりはしないのである。

執着から離れて、神に目を向ける

　では、イエスはどうであったのだろうか。福音書には「愚かな金持ちのたとえ」と同様に、金持ちが悲しい末路を辿るたとえ（「金持ちとラザロ」ルカ 16：19-31）があり、また「金持ちが神の国に入るよりも、らくだが針の穴を通る方がまだ易しい」（マタイ 19：24）というように金持ちを否定的に描く箇所が見られるが、お金を得ることや多くの財産を所有することを直接的に否定する言葉は見当たらない。

　イエス自身は 30 歳を超えて人前に出てからはほとんど物を持たない生活をした。村から村へと弟子たちを連れて移動し、信者の家に泊まっては食事を提供してもらう旅人のような生活であった。聖書には、イエスが宣教活動を始める前に、荒れ野で約 40 日間の断食を試みたことが報告されている。するとそこに悪魔が登場し「腹が減っているなら神に頼んで奇跡を起こし、転がっているあの石をパンに変えてみろ」と誘惑する。それに対してイエスは「**人はパンだけで生きるものではない。神の口から出る一つ一つの言葉で生きる**」（マタイ 4：4）と答えている。「パンだけで生きるのではない」ということは、パンも必要だということだ。しかしイエスは食べ物さえあれば、人は生きていけるとは考えなかった。本当に人を生かすのは神の言葉なのだとイエスは言う。食べ物があっても自ら死を選ぶ人の多い現代社会では考えさせられる言葉である。

　富そのものについて否定的な発言はないが、イエスは富を持つ人間は注意が必要と考えていたようだ。このたとえ話の中には「どんな貪欲にも注意を払い、用心しなさい。有り余るほど物を持っていても、人の命は財産によってどうすることもできないからである」（ルカ 12：15）とのイエスの言葉がある。ここには過剰に富に執着することへの戒めがある。

現代の深刻なテーマ 「意味の喪失の時代」

　ヴィクトール・E・フランクルというオーストリアの精神科医がい

る。ユダヤ系の彼は第二次世界大戦中アウシュビッツ強制収容所に収容され、父はその収容所で、また母と妻は別の収容所で死亡した。フランクルは戦後、生きる目的を見失う現代の精神病理を「実存の空白」という言葉で表した。フランクルは「生きる意味があるか」という問いは初めから誤った問いであると語る。彼によればむしろ**人はどのように生きるのか「問われている」存在**なのだ。そしてこの問いの背後には神がおり、人は神と向かい合うときに、与えられている使命に気づくというのである。

与えられたものをどのように用いるのか

　聖書の伝統的見方からすれば、この金持ちが多くを収穫したということは、神がそれだけたくさんの恵みを与えたということである。しかし、**この金持ちには与えられたという実感や感謝は一切見られない。**日本語訳では訳されないことが多いが、ギリシア語の原典では、「作物」「穀物」「財産」そして自分の「魂」にさえ、「わたしの」という言葉が付いている。つまりこの金持ちは「わたしの作物をしまう場所がない。わたしの倉を壊し、もっと大きなものを建てよう。そこにわたしの穀物とわたしの財産を入れよう。そしてわたしの魂にこう言ってやるのだ」と言っていたのである。

　ここには、自分が持っているものはすべて自分の力で得たもので、思うままにしてよいという見方がある。そしてすべての所有物は「わたしの」ものであって、それを分かち合う人物はどこにも出てこない。前に取り上げた「タラントンのたとえ」と同様、このたとえでもイエスは「与えられたもの」を「どのように用いるか」と問いかける。

　そもそもこのたとえは、遺産を欲しがる人に対して語られたものである。つまりこのたとえで語られている財産は、その人が汗水流して得たものではなく、譲り受けたものなのである。わたしたちの人生にも知らずして与えられているものがたくさんあるが、時にわたしたちはそのすべてを自分の力で得たと考え、それに執着してしまう。しか

し人は死を前にした時、突然それらの価値を問い直すよう迫られる。

「死を覚えよ」

　わたしたちはそれぞれ人生の計画を立て、またさまざまなものに執着して生きている。しかし死は物事のうわべの部分を引き剥がし、本当の価値を明らかにする。命だけは人間の思い通りにはならない。人はどれだけのものを自分のために蓄えても、死ぬ時にそれらを手放さなくてはならない。その事実が自分が執着し追い求めてきたものの本当の価値に気づかせるのである。

　中世の修道院では、互いに顔を合わせると「メメントモリ」と言い合ったという。これは「死を覚えよ」「あなたの前に死がある」という意味である。当時はペストなど死に至る病が流行しており、この挨拶はいつ自分たちも死ぬかわからないという覚悟を確認するものだった。それはまた死を意識することで、真実なものを求めて今日という日を生きようとする工夫でもあった。

イエスは富に何を見ていたのか

　死を見つめて生きるということは、人の心を人生の本質に向けさせる。「愚かな金持ちのたとえ」では、金持ちが死を司る神から「どのように生きてきたのか」と問われている。ここには生と死は人間に支配できない領域であること、死を前にしても色褪せない生き方をしなさい、とのイエスのメッセージを見ることができる。

　本来お金は物と物との交換を円滑に進めるための補助的な役割を担うものにすぎず、お金そのものに価値があるわけではなかった。しかし現在、多くの人がお金そのものに魅力を感じている。イエスは、そのことに警告を発する。

「だれも、二人の主人に仕えることはできない。一方を憎んで他方を愛するか、一方に親しんで他方を軽んじるか、どちらかである。あなたがたは、神と富とに仕えることはできない。」（マタイ 6：24）

第2章 生き方を考えるイエスの言葉

　人は「神と富との両方に仕えることはできない」とイエスは言う。命を与える神と、豊かさを象徴する富。「富」には「マモン」という言葉が使われているが、これはもともとイスラエルとは違う民族が奉じていたお金の神の名であった。イエスは、富やお金には人を惹きつけ執着させる強い宗教性が存在することを知っていた。お金自体の魅力にとりつかれると、人は次第に閉鎖的になっていく。

　富は人を惹きつける強い力を持っているが、それに執着することで人は人を騙したり傷つけたりすることもある。また富を優先して環境や命の問題を軽んじてしまうこともある。2011年の東日本大震災では深刻な原発事故が起こった。今もなお放射能の問題は解決していないが、それでも原発に依存した政策が進められている。目の前の利益に左右されると大きな視野で物事を見ることが難しくなってしまうのだ。

本当の富とは

　イエスは何よりも命を大切にした。しかしわたしたちが生きる社会は、富に執着して命を軽んじることがたくさんある。このイエスのたとえは、神が与えたその命を豊かに生きるように、との呼びかけではないだろうか。

【振り返りとして】
・　イエスは「あなたがたは地上に富を積んではならない。そこでは、虫が食ったり、さび付いたりするし、また、盗人が忍び込んで盗み出したりする。富は、天に積みなさい。そこでは、虫が食うことも、さび付くこともなく、また、盗人が忍び込むことも盗み出すこともない。あなたの富のあるところに、あなたの心もあるのだ」（マタイ6：19-21）と語っている。あなたにとって「天に富を積む」とはどういうことだろうか。

7 視点を過去から未来へ

「生まれつき目の見えない人をいやす」（ヨハネ9：1-7）

登場人物と背景

　この聖書箇所は、イエスのたとえ話ではなく、イエスと弟子たちの会話から始まったひとつの出来事である。弟子たちは生まれつき目の見えない人を前にしてイエスに「先生、この人の目が見えないのは、この人が罪を犯したからですか、それとも両親が罪を犯したからですか」と質問している。

　当時、病や障がいは神への背きの結果だと考えられていた。律法などの神との約束を守れず、罪を犯した罰だと考えられていたのである。その理解に沿えば、生まれつき目の見えない人はその人自身か、もしくはその両親が罪を犯した結果として目が見えなくなったことになる。この質問は、イエスを陥れようとする人たちからの問いではなく、弟子たちによってなされている。つまり当時の一般の人たちの素朴な疑問であったとも考えることができる。

わたしたちは過去に原因を探す

　今日わたしたちは、病や障がいがその人の行いと関係があるという考えは非科学的であり、迷信であると理解している。しかし不幸がその人自身の悪い行いに起因するという考えは、今なおわたしたちに深く根づいている。自分自身に何か深刻な問題が起きた時、そのような冷静な判断ができなくなることがある。耐えがたい不幸や艱難に苦しむ時、その原因を自分の過去の行いなどに求めてしまうのだ。たとえ理性的に考えれば馬鹿げたことであっても、人はすべてに原因を探してしまうのかもしれない。

第 2 章 生き方を考えるイエスの言葉

> **【自分と向き合ってみよう】　ひとりで考えてみよう**
> ・　自分のこれまでの体験の中でもっとも苦しかったこと、なかなか忘れられない出来事とは何だろうか。
> ・　これまでの人生で大きく視点が変えられた体験はあるだろうか。

過去は人が手を加えることができない神聖な時間

　過去は変えることができない。だからこそ過去は人の力が及ばない神聖な時間とみなされていた。イエスとほぼ同時代に生きたローマの政治家セネカは、過去、現在、未来の三つの時間について論じる中で、過去について次のように述べている。

> 「過去は、われわれの時間のうちで神聖犯すべからざる、かつ特別に扱わるべき部分であり、人間のあらゆる出来事を超越し、運命の支配外に運び去られた部分である。そして貧窮といえども、恐怖といえども、病の襲撃といえども、これを追い立てることはない」
> 　　　　　　　（セネカ『人生の短さについて』茂手木元蔵訳、p.31）

過去はもはや触れることができないものであり、運命の外側にあるものであって、だからこそ神聖なのだとセネカは言う。
　第 4 章の「宗教とカルト」の項目でも触れるが、霊感商法やスピリチュアル商法で経済的被害をもたらすカルトは、そうした過去に焦点を当てて人の悩みにつけ込む。答えの出ない問題の原因が「あなたの先祖にある」「あなたの過去の行いにある」などと言って、高価な壺や印鑑などを購入させようとするのである。

イエスが教えた未来へのまなざし

　これに対して、イエスの視点はどうであろうか。イエスは弟子たちの質問に対し、目が見えないのは「この人のせいでも、両親のせいでもない。神の業がこの人を通して現れるためである」と語っている。多くの人とは異なり、イエスは過去ではなく未来の方を向いていた。

73

イエスは、わたしたちが苦痛だと感じ、取り除きたいと思う事柄にさえ神の働きがあらわれることを信じ、待ち望んでいる。イエスは、**苦難を経験した者たちだけが応える**ことのできる神の働きがあると信じている。苦難を含め、わたしたちが経験するすべてのことには意味が与えられている、というのである。

意味と使命が見える人に変えられていく

イエスは、最後にこの目の見えない人に「シロアム」という池で目を洗うようにと語りかける。聖書には、その人がそこで目を洗うと目が見えるようになった、と報告されている。実際に目が見えるようになったと読むことも可能であるが、この池の名前の意味を考えると、また違うメッセージを読み取ることもできる。

この池の名「シロアム」は「遣わされた者」という意味である。どこかに「遣わされる」ということは、その送り手が与えた使命や目的が存在するということだ。何の目的もないのに「遣わされる」ことはない。つまりここには、それまで苦しみを背負うべき罪人だと烙印を押されていた人物が、イエスとの出会いを通して、自分が経験する苦しみの意味を見出していく姿がある、と読むこともできる。つまりこれは目の見えない人が与えられている使命を「見える者」へと変えられ、もう一度社会へと遣わされていく物語なのかもしれない。

わたしたちはそれぞれ自分の課題を背負い、苦しみを経験しながら生きている。その苦しみのゆえに、自分の価値や生きる意味を見失うこともある。しかし過去だけに目を向けても答えは与えられない。イエスがここで伝えようとしたのは、生かされている人間には神の使命がすでに与えられているということではないだろうか。そしてこの地上においては、**さまざまな痛みを負った人を通してしかあらわすことのできない神の業と働きがある**、ということではないだろうか。わたしたちそれぞれに与えられている使命は何かを考えてみたい。

さなぎから蝶へ

　アメリカ・カリフォルニア州リッチモンド市に広域リッチモンド宗教間プログラム（Greater Richmond Interfaith Program, GRIP）という組織がある。これは1966年に地域のプロテスタント諸教派やカトリック、ユダヤ教のリーダーたちが共同で始めた超教派・超宗教の組織で、貧困問題に取り組んでいる。昼に200人以上の人々に食事を無料で提供し、また路上で生活する人々のシェルターの役割も担っている。その他に職業訓練や就職の斡旋なども行う施設である。

　そこに日々人の相談にのったり食事の世話をしたりしているスタンさんという50代の黒人スタッフがいた。彼自身もかつて薬物依存となり、路上で生活した過去を持っていた。年の離れた2人の兄弟は若い時に薬物で死んでおり、自分もいずれ同じような末路を辿るだろうと自暴自棄になっていたという。ある時、彼は薬物使用で警察に捕まり刑務所に入れられた。「薬物しか知らない自分はずっと刑務所にいた方がいい」とすら思っていたスタンさんは、そこである人に出会い、こんな話を聞かされた。

　「地を這う青虫は、蝶になる前にさなぎとして硬く覆われた殻の中に入る。しかし一度殻から出て蝶になると、もう二度と殻の中には戻らない。蝶は二度とさなぎには戻らないんだ。この牢屋での時間は君にとってさなぎの期間なんだ」。

　この言葉を聞いた当初、スタンさんにはその意味がまったくわからなかったという。しかし、この言葉はずっと彼の心の中に残っていた。彼はその後、刑務所を出所して薬物依存から立ち直る。そして時を経てこの施設でスタッフとして働くことになった。そこで彼はかつての自分と同じように路上で生活し、薬物依存に苦しむ人々のケアとサポートをしている。

　スタンさんはこのように話してくれた。「今自分は薬物依存から立ち直り、こうして苦しみの中にいる人の痛みを理解する者として、その人たちのために働くことができている。あの時の苦しい経験が今につながっている。不思議なことに、長く理解できなかったあの言葉の意味が、今ははっきりと理解できるんだ」。

　彼は自分が苦悩を経て成熟した人間へと成長したこと、そしてその苦悩の体験こそが今の自分を作っていることを知り、そこに隠されていた自分の使命に気づいたのである。

8 本当の幸せとは

「幸い」（マタイ 5：3-16）

【ディスカッション】　まずグループに分かれて話し合おう
- 自分が「幸せ」だと思う条件をそれぞれ三つ挙げてみよう。
- その後グループでそれぞれの幸せの条件を説明し、その中からグループの総意としてひとつに絞る。その条件と理由を発表しよう。

マタイによる福音書 5 章 3-12 節には、「幸い章句」と呼ばれる箇所がある。イエスが小高い丘で語った「山上の説教」の最初に語られる言葉である。そこでは貧しい人々、悲しむ人々、義に飢え渇く人々、義のために迫害される人々が幸いだと語られている。

イエスはなぜこんな発言をしたのであろうか。このイエスの言葉を理解するためには、本田哲郎神父による聖書訳が参考になる。本田神父は「幸いだ」という言葉を**「神の力がある」**と訳しており、その理由を次のように語っている。

「幸いである」とは、どういうことでしょう。幸せだ、ということですか。貧しいままでいたほうがいい、ということですか。

「幸いである」と訳された Makarioi について見てみましょう。もともと旧約聖書の詩編などに繰り返し出るAShRêに相当するもので、「神に祝福されている」という意味合いのことばです。〔中略〕

ヘブライ語のAShRêは、「まっすぐ突き進みなさい」「いま持っている感性のまま行動を起こしても大丈夫」という、行動をうながす励ましのことばです。今のままで幸せのはずだ、というような現状肯定のニュアンスはありません。むしろ、現状を乗り越え将来を切り開くための感性と力を保証する神からの励ましのことばであると言えます。ですから、虐げられた現状からの立ち上がりをうながす意味で、「神からの力がある」と表現するのが、いちばん原意に近いように思われます。「心底貧しい人は、神からの力がある。天の国はその人のものである」。

（本田哲郎『小さくされた人々のための福音』pp.20-21）

第2章 生き方を考えるイエスの言葉

つまり本田神父は、この「幸いである」という言葉は現状を肯定する言葉ではなく、その状況からなんとか立ち上がり、進んでいこうとする人々を励ます言葉であると言うのだ。

実際イエスの話を聞いていた人々の中には、困難な状況にあった人がたくさんいただろう。さまざまな苦しみを抱えた人、貧しい人、農地を不当に奪われて生きていく糧をどのように得ていけばいいのかと悩む人、そして正義はどこにあるのかと求めていた人もいただろう。イエスの「神からの力がある」という言葉は、こうした人々の現実を現状のままでよしとするのではなく、「あなたは間違っていない。そのままで歩んでいきなさい。あなたにはこの現実を変えていくことができる」と応援する言葉だったのかもしれない。

そしてこのイエスの想いは、続く「地の塩、世の光」に結実する。イエスは同じ民衆に向かって、続けて「あなたがたは地の塩である」「あなたがたは世の光である」と語りかける。当時、塩は食物の保存に使用される貴重なものだった。また塩は料理などでは全体の中でほんの数パーセントしか使われないのにその味を決定する重大な役割を持っている。ここには、あなたがたはたとえ数が少なくとも重要な価値を持っている、というイエスのメッセージがある。光も同じである。光は強すぎるとまぶしくて何も見ることができない。しかし暗闇の中にわずかでも明かりがあれば、その闇は一変する。

このイエスの語りかけの特徴は、「あなたがたがこうしたら地の塩になれる」「これだけのことができたら世の光になれる」という条件付きではないところにある。イエスは**「あなたがたはすでに地の塩であり、世の光である」**と語りかけている。

イエスが語る光のあり方

ではイエスが語る光とは、どのような光なのであろうか。それは一本のロウソクのような光ではないだろうか。日本のある教会に、その教会の初期メンバーによる言葉が大切に残されている。それは「吾人

はロウソクの如く己を溶かし、世を明るくするなり」という言葉である。ロウソクが光を届けるためには、自らの体を溶かさなければいけない。この言葉は、ロウソクのように自己犠牲を通してこの世界に光を届けたい、という思いを伝えているのだ。ここにはイエスが語った「世の光」として生きていきたいという意志を読み取ることができる。

　イエスは今を懸命に生きる人々に神の力があることを繰り返し伝え、そのような人々にこそ神の励ましの中に生きている実感を持って欲しいと考えていた。そして人が皆自分の価値を信じて、それぞれのやり方でこの世界に光を届けていくことを信じ、勧めていたといえるだろう。

【振り返りとして】　最後にひとりで考えよう
- あなたにとって幸せとは「お金や物などの条件が揃うことで感じられる」ものだろうか。それとも「生き方によって感じられる」ものだろうか。その生き方とはどのようなものだろうか。

第3章

創世記から浮かびあがる命と生き方

1　命のイメージ

本章では、創世記の天地創造物語を中心に扱い、人間とはどのような存在なのかということや、この世界をどのように捉えていくべきかということを考えていきたい。その導入として、まず「命」のイメージについて考えてみよう。

はじめに

わたしたちは「命」に対して、どんなイメージを持っているだろうか。命とは持つものだろうか、それとも与えられるものだろうか。もし命の場所を指してくださいと言われたら、わたしたちは体のどの部分を指すだろう。パスカルという哲学者・神学者は、「人間とは考える葦だ」という言葉を残したが、彼のように思考の働きこそ人間の命だと考える人は頭を指すだろう。また血を送り酸素をゆき渡らせる心臓が命の源と考える人は胸に手を当てるだろう。

こうして改めて考えてみると、**わたしたちの命のイメージは実は漠然としたものである**ことに気づく。同じ「命」という言葉を使いながらも、それぞれのイメージは異なっているのではないだろうか。

命の絵を描いてみよう

それぞれの命のイメージを絵で表現し、その説明をできるだけ詳しく書いてみよう。幼稚な作業のように思えるかもしれないが、頭の中にある漠然としたイメージを可視化し、言葉にするということは極めて知的な作業である。それは目に見えるものを単純に描くこととはまた別の作業である。

そして絵を描いたことの振り返りとして、次の文章を読んでみよう。これは阪神・淡路大震災当時、中学生と向き合った保健室の先生の記録である。この文章を読むと、大震災の体験がKの命に対するイメー

第3章 創世記から浮かびあがる命と生き方

ジに大きな影響を与えたことが容易に想像できる。命の危険という強い恐怖をもたらした大地震。愛犬のために何もできなかった自分。自分だけ生き残った罪悪感。また、保健室に来てずいぶん経ってから初めて体験を話すことができたこと。そして最後に教室に戻った時……Kのいろいろな気持ちの変化を想像しながら読んでみよう。

　1995年1月17日、阪神・淡路大震災が起きました。しばらくしてT中学校が再開されたとき、保健室はいろいろな子どもたちの居場所になっていました。ある日、それまでめったに保健室に来なかったKが来ました。次の日もその次の日も、Kは教室には行かず、保健室の隅の椅子にうずくまるように座り続けていました。
　保健のA先生は、地震で家が全壊し、つらい思いを知っていました。ですから、Kもまたつらい思いを抱いているのを感じても、その気持ちの中に、ずかずか入り込むことはしませんでした。
　Kが来るようになり2週間ほど過ぎた日のことです。その日の保健室は、めずらしく他に誰もいませんでした。「あのね、先生……私ったら、嫌な子なの……。私ったら、自分だけ逃げてしもたんよ」。泣きじゃくりながら話すKを、A先生は抱きしめました。
　揺れが来たとき、Kは愛犬バロと寝ていました。Kは無事でしたが、バロが壊れた家の下敷きになって鳴いているのが聞こえました。Kの力では、助けたくても助け出せません。Kは、バロを置いて逃げました。
　助けを求めても、バロ1匹のために力を貸してくれる人はいません。そこでKは、家族のための貴重品である水をこっそり持ってきて、バロのいる方へと流しました。食べ物も届けようとしましたが、がれきに遮られました。お父さんに見つかって叱られても、食べ物を届けようと何度も試みましたが、やがてバロは死んでしまいました。
　「バロは食べ物がなくて死んだのに、私、食べ物が配られると食べちゃうのよ……」と泣くKを、A先生は抱きしめて言いました。「あんたはやれることをみんなやったのよ。苦しいけど、これは事実なんやわ。人間は何でもできるわけじゃないし、思い通りにいかないこともいっぱいあるの」。話しながら、A先生は、あらためて思いました。「人間の力には限りがある」と。その後2カ月ほどで、Kは教室に帰っていきました。
　（今関信子「A先生のいる保健室」『こころの友』第2063号、2016年）

イメージは体験的なもの

　わたしたちの命のイメージは漠然としているが、それは極めて体験的なものである。わたしたちが持つ命のイメージは、意識しようがしまいが、これまでに見てきたことや感じてきたこと、体験してきたことに影響を受けて形成されている。先ほどの文章に登場する愛犬の死を経験したKにも、何かしら強烈な命や死のイメージが形成されたに違いない。大地震や戦争やテロなどによって目の前で多くの命が奪われた体験を持つ子どもたちに命のイメージを描いてもらうと、紙を真っ黒に塗りつぶす子が多いという。それは大きなトラウマによるものであることが想像できるが、同時にその暗闇こそ、その子たちが体験したリアリティであることがわかる。皆さんが描いた命の絵の中にも、これまで体験したことがちりばめられているはずだ。

　イメージが体験的であるということは、そのイメージはこれからも変容していく可能性があるということである。震災で愛犬の死を経験したKも、震災の前と後では、命のイメージは大きく変わっていただろう。つまり、わたしたちのイメージは経験によって常に変化していく可能性があるのだ。

人間の体験のただ中で紡がれる聖書

　聖書に書かれていることは、その時代にそこで生きていた人間の体験の中で紡がれてきた。聖書の記述にじっくり向かい合うと、その文章が紡がれた時代状況や、人々がどのようにして信仰の世界を構築してきたかという痕跡を見つけることができる。たとえば創世記にある、6日間で世界がつくられたという話や、人間が土から創造されたという話は、現代の科学的な見地からはとうていそのまま信じることはできない。しかし、そのひとつひとつの記述に隠された意味を探ると、そこから豊かなメッセージが伝わってくるのである。

　100歳を超えても現役医師として働き続けた日野原重明は、命について次のように語っている。

第3章　創世記から浮かびあがる命と生き方

　「『いのち』というものは大切なものだけれども、目には見えないん
　です。時間も見えない。『でも、君たちはいのちをもっていて、それ
　を使える。君たちは時間を使っているから、生きているんだ。目に見
　えない時間、目に見えないいのちだけれど、それは使えるんだよ』」
　　　　　　　　　　　　　　　　（日野原重明『いのちを語る』p.18）

　この言葉には、命は見えないが使えるものだ、という理解がある。日
野原は命とはだれかのために用いた時にだけ見えるようになる、と考
えている。「見える」といっても、それは視覚的に見えるのではない。
これは、人のために何かをしたり時間を使ったりすると、それを受け
た人にはその存在をはっきり感じることができる、という意味だ。つ
まり命は人のために用いられた時に可視化されるというのである。

科学と宗教との違い

　現代では「宗教」や「神」といったものは胡散臭いものとして扱わ
れることが多い。それに対して科学には皆厚い信頼を寄せている。何
かが「科学的」だといわれれば、その信頼性が増すように思えてくる。
しかし本来、科学とは神がつくったこの不思議な世界とそこで起こる
現象を解き明かすための人間の取り組みなのだ。
　科学と宗教の大きな違いは、その性格にある。科学は現象を検証し
てそれが起こる因果関係などを解き明かそうとするが、その現象の意
味は考えない。たとえば、ある生物の生命機能がどのように働き、命
が維持されているかは教えてくれるが、何のために生きているのか、
という存在の理由や意味までは探求しない。逆にいえば、そうしたお
せっかいをしないのが科学のよいところだろう。しかし**宗教とは、ひ
たすら神との対話の中で生きていることの意味やその目的などを探
そうとする試み**なのである。

83

2　創世記の世界観

　旧約聖書の舞台は、わたしたちが生きている時代・地域とはまったく違う。言語も違えば文化も異なる。創世記には、現代日本で暮らすわたしたちとはまったく違う世界観が広がっている。だから、その違いや背景を意識しなければ、理解できない表現や記述が多いのである。

いくつかの根本的な違い
① 1日の始まり
　古代イスラエルと現代のわたしたちとの大きな違いは1日の始まりをどこに設定するか、という点にある。わたしたちの多くは1日の始まりを日の出、あるいは目覚めた瞬間に見る。そして日没あるいは午前0時で1日が終わると考える。しかし、古代イスラエルの世界では**1日は日没の瞬間から始まる**。ユダヤ人たちは、暗くなると1日が始まるという独自の時間感覚を持っていたのである。聖書の世界では、暗闇を前にして1日が始まるが、必ず朝が来ると信じてその闇の中を前進していくことが重要なのである。創世記1章の天地創造物語では、1日ごとの創造の締めくくりとして「夕べがあり、朝があった」と語られているが、これは「夕べ」こそ1日の始まりだった当時の見方に基づいている。

② 時の流れとの向き合い方
　また時の流れに対する向き合い方もわたしたちとは異なる。「過去」「現在」「未来」という時間の区分があったとしよう。現代のわたしたちはたいていの場合、現在という地点から未来の方向を向いて、未来に向かって歩んでいくような感覚を持っている。しかしユダ

ヤ人たちは、過去に顔を向けながら後ろ向きに未来に進んでいく感覚を持っているという。この感覚は彼ら彼女らの信仰と関係がある。

信仰の書である聖書には、過去の出来事が記されている。つまりユダヤ人たちは、聖書に記されている神の言葉や過去の人間の姿と向かい合いながら、現在の自分の立ち位置を確認し、さまざまな問題にどう対処していくかという方向性を決めている、というのである。後ろを向いていたら未来が見えないではないか、と思う人もいるかもしれない。しかしわたしたちは先に起こることを予想はできても、完全に知ること、見ることはできない。つまり「未来に向かって」歩いているつもりでも、実際には「一寸先は闇」のような状態で、手探りで歩んでいるのだ。

ユダヤ人の時間のイメージは、2人乗りの手漕ぎボートのようなものといえるかもしれない。手漕ぎボートでは通常ボートは漕ぐ人の後ろ側に向かって進んでいく。この時、重要なのは向かい合って座る人の存在である。その人が、ボートが進む先に岩や他のボートがないか、あるいは池の端に近づいていないかを把握し、適切な指示を出す役割を果たす。ユダヤ教やキリスト教では、この存在こそが聖書であり、神やイエスということになる。人はそこで過去の聖書の言葉に向かい合いながら未来を生きる方向性を導き出していく。旧約聖書には、ヘブライ語の「シェマー」（聞け）という投げかけで言葉が始まる箇所が多くある。それぞれの状況の中で、まず「神に聞く」という姿勢が繰り返し勧められているのである。

創世記の世界観を図にしてみると

次に古代イスラエルの世界観（cosmology）を確認していこう。時代によって多少の違いがあるが、古代イスラエルの世界観は大まかに次の図のように表すことができる。

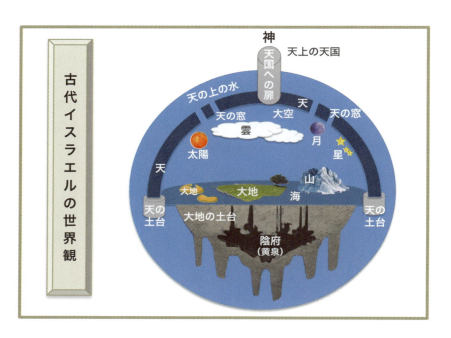

　この図では世界全体は水に覆われている。古代イスラエルでは、空は土台の上に立つアーチ状、もしくはドーム状のものだとみなされていたのだ。そしてそのアーチの上方には窓のような穴があり、そこから雨が入ってくると信じられていた。創世記 6-10 章の「ノアの方舟」の物語では 40 日間雨が降り続くが、その始まりと終わりで次のような表現が使われている。「この日、大いなる深淵の源がことごとく裂け、天の窓が開かれた。雨が四十日四十夜地上に降り続いた」(7:11-12)、「深淵の源と天の窓が閉じられたので、天からの雨は降りやみ、水は地上からひいて行った」(8：2)。

　神は雲のはるか上空におり、荘厳な存在で人間には見ることができない。大地は水の中に浮かぶ円盤のようなもので、水面から突き出た部分しか認識することができない。陰府（黄泉）の世界は海面下にある液状、もしくは塵状の監獄と考えられた。死人だけがそこに行き、一度そこに入ると人間の力では抜け出すことはできない、と考えられていたのだ。

第3章 創世記から浮かびあがる命と生き方

3　創世記からの問いかけ

　創世記の 1-2 章を読んで、どのような印象を受けるだろうか。おそらく多くの人には理解しがたいものに映るであろう。クリスチャンの間でさえ、創造物語の受け止め方は一様ではない。創造物語に記されていることを歴史的事実だと信じる人もいれば、この記述通りに世界が成立したとは考えず、むしろ書かれている言葉の奥にある意味やメッセージを大切にする人もいる。

始まりを問いながら今を考える

　創世記は「初めに」という言葉で始まる。これはいったいどの時代を想定した言葉なのであろうか。世界がつくられる物語だから、原始の時代、すべての始まりを想定していると普通は考える。それはわたしたちの想像も及ばないはるか昔のはずである。そうであれば、いったいだれが見ていたのか。そもそもこれは信じていい情報なのか……さまざまな疑問が浮かぶに違いない。さらにいえば、ここでの「天地」とはわたしたちが生きているこの世界と同じなのであろうか。もし同じだとすれば、わたしたちは神が創造した世界で生きていることになるが、そのような実感を持つことができるだろうか。

　旧約聖書学者の中村信博は、創世記の「初めに」という冒頭句について次のように記している。

　「この表題句に触れたとき、読む者はなんだかふしぎな感じにとらわれないだろうか。それは、ひと言でいえば、ほんとうにそうなのだろうか、という素朴な疑問であったり不安であったりするだろう。いったい、だれがそんなことを信じることができるのだろうか。疑問はつぎつぎとわき上がる。けれども、そのつきない疑問はいつの間にか、いまわたしたちが生きている世界の矛盾や、わたしたちが遭遇する現実の不条理のことで埋められているのである。『初めに』という、想

87

像することもできないはるか遠い時間、ひょっとして、時間という概念すら成立しないかもしれないおそろしく遠い時間のことを考えていたはずなのに、わたしたちは『いま』という時間のことを漠然とした不安のなかで考えざるを得なくなっていることに気づかされるのである」

（中村信博『聖書 語りの風景——創世記とマタイ福音書をひらいて』p.11）

　本当に神がこの世界をつくったのであれば皆が幸せに生きられるはずなのに、現実には理不尽なことや悲しみがこの世界に多く存在している。人間は憎しみ合い、日常的に殺し合いを続けている。わたしたちはいつの間にか、なぜこんなことが起きるのかという「今」の現実を見つめながら創世記と向かい合うようになっている。つまりこの「初めに」という言葉は、**わたしたちが生きているこの時を、はるか遠く永遠から見つめ直すように導く力**を持っている。

　この「初めに」という言葉は、常にこれを読む人がその時生きている「現実」を問いかけるように導く。では、この聖書を紡いだ人々が問われた「現実」とは、どのようなものだったのだろうか。

バビロン捕囚

　聖書は、最初から今のような形で存在していたのではない。口頭で語り伝えられてきたことが、時間をかけて集められ文書としてまとめられたのである。たとえば、創世記1章1節からの創造物語の後、2章4節からはまた別の創造物語が始まっている。このように創世記には創造物語が二つ存在しているが、それは創世記が複数の伝承を組み合わせてできた痕跡であると考えられる。

　研究によれば、創世記の最初の部分が今のような形でまとめられたのは紀元前6世紀中頃だという。その時代は、イスラエルの歴史の中でも、もっとも過酷で暗い時代であった。それはバビロニア帝国との戦いに破れ、多くの人が遠い異国の地バビロニアに奴隷として連れて行かれ、苦役に服していた時なのである（**バビロン捕囚**）。神が臨在

第3章 創世記から浮かびあがる命と生き方

するとされたエルサレム神殿は破壊され、故郷から遠く離れた場所で
奴隷のように生きなければならなかった当時の暗く厳しい状況が、
「地は混沌であって、闇が深淵の面にあり」（1：2）という表現に表
されている。口語訳聖書では「混沌」は「形なく、むなしく」と訳さ
れている。つまりここでの「混沌」にはむなしさも含まれている。創
世記を綴った者たちにとっての世界（地）とは、バビロニアの王が猛
威を振るう虚無的な世界だったのだろう。創世記冒頭に登場する「闇」
はイスラエルの民が生きた現実であり、心の内面を映し出した表現だ
ったのだ。

「光あれ」

　しかしイスラエルの民は、その苦しみの極限においても神を信じる
ことをやめなかった。創世記における神の第一声は、「光あれ」（1：3）
である。この光は、太陽や月の光とは区別されるべきものである。な
ぜなら創造の4日目の出来事が記された創世記1章16節には、「神は
二つの大きな光る物と星を造り、大きな方に昼を治めさせ、小さな方
に夜を治めさせられた」とあり、ここでようやく太陽や月が創造され
ているからだ。
　この「光あれ」という第一声にこそ、当時の人々の大切な信仰が込
められている。イスラエルの民は、神はこのような暗闇の中にも救い
の光を創造し、その光を投げかけてくださると信じたのだ。神の「光
あれ」との宣言は、**苦しみと悲しみの闇で輝く希望の光**なのである。
　言葉は投げかける相手を必要とする。イスラエルの民は、神の言葉
が自分たちに向かって語られていると信じた。そしてその語りかけは、
現在のわたしたちにも「どのように生きるのか」と問いかけてくる。

89

4　創世記の人間観

　創世記 1-3 章から読み取ることのできる人間観を大きく六つに分け
て考えてみよう。

有限な存在

　創世記には、人間について次のような記述が見られる。「**主なる神
は、土（アダマ）で塵の人（アダム）を形づくり、その鼻に命の息を
吹き入れられた。人はこうして生きる者となった**」（2：7）、「**お前は
顔に汗を流してパンを得る。土に返るときまで。お前がそこから取ら
れた土に。塵にすぎないお前は塵に返る**」（3：19）。

　ここでは人間が土からつくられたと語られている。人間の体は、内
臓、骨、肉、皮膚などさまざまな部分からなっており、さらに全身を
血液が巡るという複雑なつくりなので、科学的に考えるならそれらが
土からつくられたとは考えにくい。しかし人間は土からつくられたと
する創世記の表現は、命の本質を映し出していると考えられる。

　昔は多くの国と地域で土葬の文化があったが、そうした地域では、
人は皆死ねば肉体が土に還っていくことを肌で感じていたはずだ。現
在では日本を含めた多くの地域で死体は火葬され、骨だけが残るので、
土に還る感覚が持ちにくいかもしれない。しかし故人の骨は骨壺に入
れて一定期間墓の中に保管されたのち、たいていいつかの時点で骨壺
から出されて墓の下の土に還される。そうして人の体はやはりいつか
土に還るのだ。

　人間の体と土の構成元素を比較した実験がある。人間の体を構成す
る元素は、炭素、酸素、水素、窒素が大部分で 90％を占めるという。
そこにカルシウム、リン、硫黄、ナトリウム、カリウムなどを加える
と 99.5％となる。最後に 0.5％ほどの鉄、銅、亜鉛、マグネシウムを
足せば、人間の体を構成する元素がほぼ揃う。そしてこのような元素

第3章 創世記から浮かびあがる命と生き方

の構成は土とほとんど変わりがないというのだ。

人間の肉体を構成する元素は命に結びつかない無機質なものに見えるが、それらが複雑に結合して糖やたんぱく質、脂肪などの化合物になり、わたしたちの肉体をつくり上げている。古代の人々は当然そうした元素レベルで人間を捉えていたわけではないが、しかし人間は塵からできたという創世記の人間観はあながち間違っていないだろう。人間は土と同じく、何ら特別な存在ではないのだ。

しかしその一方で、神の息吹が込められて生かされているところに人間の特別性がある。創世記2章7節には「主なる神は、土の塵で人を形づくり、その鼻に命の息を吹き入れられた」とあるが、ここでの命の息はヘブライ語で**ルアッハ（ルーアハ）**といい、風や霊という意味がある。わたしたちの体は本質的には土や塵と変わらないが、神の息吹が人間を人間たらしめている。ここで吹き込まれたのが、のちに精神や魂と考えられるようになるものである。

聖書には繰り返し、人が土から生まれた存在であることを思い出させるたとえがある。それは**「土の器」**である。土の器は脆く、ぶつければ欠け、落とせば割れる。同じ器なら、落としても割れない丈夫な金属の器や、脆くても色鮮やかなガラスの器のほうが美しくてよいように感じる。しかし聖書は人を土の器と表現するのだ。

器はそれぞれ何かしらの用途を持っている。たとえば花瓶は花を活けるためのものであり、湯のみは飲み物を注ぐためのものだ。つまり人を器と表現する時、そこには**神が望む目的（使命）がある**ということだ。「土の器」の弱さや脆さは、多くの場合否定的なものと受け取られるが、その弱さこそが神が働く余地であり、恵みが現れる場所となる。

「**金継ぎ**」という伝統的な修復技法がある。ひびや欠けた箇所を漆で修復し、

91

接着部分を金などの金属粉で装飾して傷自体をその器の個性や美しさに変えていく技法である。

　人はだれでも自分の心の傷や人間的な欠けを知られたくないものだ。できればそうした傷の体験をなかったことにしてしまいたい。しかし後になって振り返ると、その体験こそが自分にしかない美や強さに変えられていることに気づくこともある。脆く弱いからこそ、その傷が埋められる恵みを知ることができる。それが「土の器」の意味である。

　このたとえは新約聖書にも引き継がれている。パウロはコリントの信徒への手紙2の中で、次のように語っている。

「すると主は、『わたしの恵みはあなたに十分である。力は弱さの中でこそ十分に発揮されるのだ』と言われました。だから、キリストの力がわたしの内に宿るように、むしろ大いに喜んで自分の弱さを誇りましょう。」（Ⅱコリント 12：9）

　キリスト教の世界伝道に大きく貢献したパウロは、何かしらの病気を抱えていたといわれている。コリントの信徒への手紙2では、それが「一つのとげ」（12：7）という言葉で表現されている。このとげがなければもっと多くの働きができるのにと心を痛めるパウロは、これを取り除いてくれるようにと何度も神に祈った。しかしそれに対してパウロが神から受け取ったメッセージが、先ほどの言葉だった。パウロは弱さの中でこそ与えられているものがあることに気づいたのである。「自分の弱さを誇りましょう」とは、諦めや現実逃避の言葉ではない。今までの歩みの中で自分の弱さや欠けが神によって埋められてきたことを知り、未来の歩みにおいても同じことが起こると確信する言葉なのである。

神と向かい合う存在

　創世記に見られる二つ目の人間観は、人間は神と向かい合う存在である、というものである。人は「何のために生きるのか」「苦しみに

意味はあるのか」とさまざまな問いを持ちながら生きている。すぐに答えが出ないことも多い。創世記2章7節では、神が土からつくった人間の鼻に命の息を吹き込んだとされ、「人はこうして生きる者となった」と語られている。このことは人間という存在が、神と向かい合う時に生きている実感を得る存在であることを伝えているのではないか。

　わたしたちは人生においてさまざまな問いを抱えるが、実はわたしたちの方が神から「どのように生きるか」と問われているのである。そして神と向かい合う中で、その問いの答えや存在の意味を得ていくのだ。

主体性（自由）を持つ存在

　創世記に見られる三つ目の人間観は、**人間とは主体性を持つ存在だ**、というものだ。人が神につくられたということは、人間は意志のない神のロボットであるということなのだろうか。創世記を読むと、そのようには考えられていないことがわかる。創世記2章には、神が「この木から食べてはいけない」と人と約束を交わす場面がある。しかし人間はその約束を破り、禁断の実を口にしてしまう。神が人間をつくったのであれば、命令に背かないようにつくればよかったのではないかと思うが、人間には初めから自分で考え、行動する自由が与えられていたのだ。

　神は自分と向かい合い、その言葉を守る人間を求めているが、それはけっして奴隷のように従属する存在ではなく、自由な意志を持って自発的に神に従う存在である。人生とは選択の連続だが、人間には神に反する道を選ぶ自由が与えられている。しかしだからこそ人は自らが選択したことに責任を負っている。人類の歴史は戦争など悲惨な出来事で溢れている。そうした悲惨な現実を神が存在しない理由にする人もいる。神が存在するならそうした理不尽なことは起こらないはずだろう、というのである。しかしそうした悲惨な出来事の多くは人災

といえるもので、その責任は人間が負うべきなのではないだろうか。

支え合う存在

　創世記に見られる四つ目の人間観は、**人は他者と共に生きる存在**だというものである。創世記2章では、最初の人間アダムにエバというパートナーが与えられる。聖書によるとそれは、アダムを観察した神が人はひとりでいるのはよくない、「彼に合う助ける者」（2：18）が必要だと感じたからである。エバを見たアダムは、「これこそわたしの骨の骨、わたしの肉の肉」（2：23）と歓喜の声をあげる。共に生きるパートナーが与えられる大きな喜びがここで表現されている。

　しかしながらこの聖書箇所を根拠にして、女性は男性を助け、一方的に奉仕するべきだと教えられてきた歴史がある。旧約聖書が記された時代は父権制社会であり、それを引き継いだイエスの時代、また新約聖書が書かれた時代も、多くの地域や時代において男性が優位な立場にあった（実際、女性や子どもは男性の所有財産として扱われ、数に数えられなかった）。そうした社会では、男女に上下関係があるのは当然とされ、創造物語もそう教えていると考えられた。しかし時代が進み、人権意識の高まりも手伝って、当たり前のように教えられてきたことに対して「聖書は本当は何を語っているのか」と問い直す動きが出てきた。「彼に合う助ける者」（2：18）の「〜に合う」というヘブライ語には本来「〜と差し向かう」という意味があり、ここでは対等に向かい合う姿が描かれているのではないか。つまりここでのパートナーシップとは上下関係ではなく、**お互いが平等に向き合う関係**であり、そこにパートナーシップの本質があるのではと考えられるようになっている。

　こうした対等な関係は人間同士だけに求められているのではない。わたしたちが生きている世界の自然もそして宇宙も、さまざまに支え合う関係で成り立っている。生物学者の福岡伸一は、生命とは本来利己的ではなく、「利他性」を持っていると語る（『朝日新聞』2015年

94

第3章 創世記から浮かびあがる命と生き方

12月3日付朝刊)。たしかに木々は光合成などで自分たちが使用する以上の酸素や養分をつくり出し、人間をはじめとする動物に惜しみなく与えている。宇宙も、数え切れないほどの星が絶妙なバランスで影響し合って成立している。存在するものはすべて互いに支え合い、関係し合いながら全体として調和が保たれているのである。

　現代では、暴力的な関係が問題になっている。家庭内暴力などに見られるような力や言葉で相手をねじ伏せる歪んだ関係や、圧倒的に弱い立場の人に対する虐待などがそうである。聖書からは、人間が互いに助け合う関係性を築くことができるかどうかが問われている。

◇多様なパートナーシップのあり方

　創世記は、人間の性を男と女という二極に想定している。しかし現在では、自認する性やその表現の仕方は多様であること、そしてその多様性に伴ってパートナーシップのあり方も多様であることが少しずつ認識され始めている。かつては認知されなかった多様な性のあり方が認識され、こうした多様性をどのように受け止めていくかが問われているのだ。この現実の中で、パートナーシップを男女という性別を軸に捉えていくのか、それとも「差し向かう」対等な関係に焦点を置いて捉えていくのかが問われているといえるだろう。共に生きることが困難な社会の中で、神が祝福するパートナーシップとは互いを大切にできる対等なものであり、それにはさまざまな形がある。このことを受け止めていく聖書の読み方もまた必要とされている。

地を守り、仕える存在

　創世記に見られる五つ目の人間観は、**人間は世界に対して責任を持つ存在**である、というものだ。創世記では、最初の人間(アダム)は、土の塵(アダマ)からできたと書かれている。それは、人間と自然との深いつながりを示している。人間の生活を豊かにするために大地や自然に過剰な負担をかけることは、本来人間にとっても大きな痛みを

95

上：ゴミを誤食するシロカツオドリ。
下：ミイラ化した鳥の死骸。内臓部分に大量のプラスチックゴミが見える。

もたらすものであったはずであるが、人間はあくまでも自らの利益のために、自然を搾取する支配者としての立場に固執してきた。現在わたしたちが生きている世界には、地球規模での温暖化や森林減少、環境汚染、そして放射能汚染と問題が山積している。それらの原因はほとんど人間によるものである。人間は世界の支配者を自認して自然を開拓してきたが、産業革命以後、利便性の追求はさらに加速した。産業革命は大量生産、大量消費を可能にし、それによって地球の資源を過剰に搾取し、自然への大きな負担をかけてしまったのだ。しかし聖書が語る人間とは、そのようなものだろうか？

　実は、こうした人間中心の生き方を肯定するために用いられてきたのが聖書の創造物語であった。創世記1章26節には、人間を創造した神が「海の魚、空の鳥、家畜、地の獣、地を這うものすべてを支配させよう」と語る場面がある。この言葉から、人間にはあらゆる生き物を支配する権利が与えられていると考えられてきた。しかし環境問題の深刻化に伴い、「人間に与えられた役割とはいったい何か、聖書にはどう書かれているのか」と真剣に考える人が多く出てきた。

　創世記1章26節の「支配させよう」という言葉は、もとのヘブライ語では**「管理する」**という意味を持つ。人間は、王さまのように自然を支配するのではなく、むしろ園庭を守る庭師のように管理する役

割を与えられているのだ。また2章15節では、「人がそこを耕し、守るようにされた」とあるが、この「耕す」には**「仕える」**という意味もあるので、人間が**自然に仕える責任を与えられている**とも理解できる。こうした使命に立ち返り、環境問題に積極的に取り組む教派、教会も多い。人間は、神が与えた自然とそこに生きるさまざまな命を守る大きな責任を持っているのである。

◇差し迫った緊急の課題

　日本にとって環境に関する緊急の課題は、**原子力発電と放射能**である。2011年に起こった東日本大震災とそれに伴う原発事故の深刻な影響は今なお解決されていない。経済活動を優先させる人々は、原発は安全であり、必要不可欠だと主張する。しかし福島第一原発の事故によって、原発はけっして安全ではなく、人間には核を完全に制御することはできないことがだれの目にも明らかになった。また廃棄燃料の貯蔵や、一度事故が起きた時の処理や補償を計算に入れると、他の発電方法に比べてまったく経済的ではないことも明らかになっている。

　地球や人間の命を顧みない利益追求の姿は、聖書が厳しく戒める**人間中心主義**である。この時代の中で、改めてこの世界における人間のあり方、責任が問われるべきであろう。

極めて美しい存在

　創世記に見られる六つ目の人間観は、**人間は皆、絶対的に価値のある存在である**、というものだ。

　あなたは、自らを「美しい存在」と思うことができるだろうか？　自らをかけがえのない存在として受け止めることができるだろうか？たとえ人に何を言われようとも、絶対的な価値を自分の中に信じることができるだろうか？

　創造物語では、神が創造を終える1日ごとに「これを見て、良しとされた」と言った、と書かれている。そしてすべての創造を終えた後

には「神はお造りになったすべてのものを御覧になった。**見よ、それ
は極めて良かった**」（1：31）と言う。この「良かった」という言葉に
は、**「美しかった」**という意味がある。神がこの世界とそこに生きる
すべての命に対してそのようなまなざしを向けているというのだ。

　創世記1章27節では「神は御自分にかたどって人を創造された」
とある。人は神にかたどってつくられ、神のイメージを含んでいると
いう。またエジプトなどでの古代オリエントでは、「神のかたち」と
は王の称号であったという。

　この神の宣言は、当時の状況を考えると驚くべきことである。バビ
ロニアの王が支配する中、イスラエルの民は奴隷として生きていた。
故郷に戻れず、死ぬまで苦役に服すであろう絶望的な状況下で、聖書
の民はこの神の宣言を語り継いだのだ。人間の王の支配下にありなが
ら、しかしこの世界を観察すると、神がつくった法則の中で太陽が昇
り、海と陸が分けられ、木々が芽生え育ち、生き物が満ちている。彼
ら彼女らはそのすべてが神の祝福であり、極めて美しいものとされて
いることを信じたのだ。そして自分たちの命の中に美しさを見出す神
への信仰を手放さなかった。イスラエルの民は、人が決める価値に依
存するのではなく、**神による絶対的な価値を求める生き方**を選び取っ
たのだ。

5　人間の罪

　聖書に記された「罪」はどのようなものだろうか。キリスト教の教義である「原罪」は、人間は皆「罪」を負った存在であるというものであり、この教義は創世記3章を用いて説明されることが多い。すなわち、人間はもともとよいものとしてつくられたにもかかわらず神との約束を破り、禁断の実を食べたことで罪と死がこの世界に入り込んだ、と考えるのである。では、人間の「罪」とはいったい何だろうか。何が「罪」を生み出す原因だと考えられているのだろうか。この問題を創世記の3章「蛇の誘惑」の物語と11章の「バベルの塔」の物語を中心に考えていく。

二つの「罪」

　「罪」と訳される英語は少なくとも二つ存在する。ひとつはクライム（crime）、もうひとつはシン（sin）である。クライムは法律上の犯罪を指す言葉であり、ここでの「罪」とは国や社会が定めたルールに違反し、そこから逸脱することを指す。それに対してシンとは、宗教上の罪悪を意味し、神の言葉や約束に違反し、そこから逸脱することを意味する。日本のような法治国家では罪を定める規範は「法律」になるが、宗教的な罪は神の言葉やそれぞれの宗教が持つ聖典が規範となる。そして宗教的な罪は、この世の社会的ルールと合致することもあれば、合致しないこともある。

　旧約聖書には神がモーセを通して人間に与えた「十戒」（出エジプト記20：1-17）の教えがあるが、その中には「殺してはならない」という命令がある。社会的なルールにおいても平常時は人殺しはゆるされないが、例外的に罪を問われないケースが存在する（正当防衛、戦争時、安楽死など）。また社会では実際には意図的に不正が行われても、法の目をくぐり抜けることで罪に問われないということも起こり

99

うる。しかし神が「殺してはならない」と言う時、それはどのような条件でもそうであり、基本的に例外はない。

　複雑化した社会関係の中で生活する者から見れば、何千年も前の神の言葉に善悪の判断を委ねることは愚かで時代遅れなことと映るかもしれない。しかし反対に、人がつくり上げたルールには常に変わる可能性があり、またきちんと罪が問われない場合もあるので、このような社会のルールにこそ善悪の判断を委ねることはできないという人もいる。

聖書の言葉から

　聖書で「罪」を表す言葉は、旧約聖書のヘブライ語では「ハッター」、新約聖書のギリシア語では「ハマルティア」である。これらはいずれも「的外れ」という意味を持つ。つまり聖書の罪とは、「神という中心の的から外れていくこと」である。ちなみに新約聖書で用いられている「サタン」（悪魔）という言葉には、もともと「道を外れさせる者」という意味がある。すなわち悪魔の働きとは、神の望む道から踏み外させようとするあらゆる働きを指すといってよい。神という的から外れることは、神に代わって自分が中心となっていくということである。つまり**自己中心的な生き方（エゴイズム）**、あるいは**人間中心的な姿**なのだ。

誘惑したのはだれか

　創世記 3 章では、蛇がエバを誘惑したことになっている。しかし、よく聖書の記述を見てみると、そう単純ではないようだ。蛇はエバにこう問いかける。「園のどの木からも食べてはいけない、などと神は言われたのか」（3：1）。それに対してエバは、中央に生えている木からだけは食べてはいけないと言われた、と答える。すると、蛇はこうささやく。「決して死ぬことはない。それを食べると、目が開け、神のように善悪を知るものとなることを神はご存じなのだ」（3：4）。こ

100

第3章 創世記から浮かびあがる命と生き方

の言葉を受けて、その実に改めて目を移すと、「その木はいかにもおいしそうで、目を引き付け、賢くなるように唆していた」（3：6）。つまり蛇は、「神のようになる」と語っただけであり、「食べろ」とはひと言もいっていない。しかし、**「神のようになる」**という思いでその実を見ると、何万回と見てきたはずの実が突然美味しそうに見え始めたのだ。ここに、人間が皆持っている思いが反映されているのではないだろうか。人間にとって「神のようになる」こと、そして自らすべての善悪を決定することは強い魅力を持つ、いわば「禁断の果実」なのである。誘惑は人間の心の中にあるのだ。創世記が人間の罪として描くのは、**神のように振る舞いたいという欲求であり、人間中心的な生き方なのである。**

　人間中心的な生き方は、容易に自己中心的な生き方につながり、結果的に他者と対等に向き合うことを困難にする。アダムとエバが禁じられた実を食べた後、なぜ食べたのかと神に聞かれ、アダムは「あなたがわたしと共にいるようにしてくださった女」（3：12）が与えたので食べた、と答えている。実際には自ら食べる決断を下したのに、その責任を他者に転嫁している。エバもまた「蛇がだましたので」（3：13）と責任を負うことから逃げている。アダムにとってエバは「わたしの骨の骨、わたしの肉の肉」（2：23）と言うほど大切なパートナーであったのに、簡単に責任を転嫁してしまった。ここには人間の弱さが描かれている。

人間中心の世界の構築

　聖書には創世記3章だけでなく、至る所に人間中心の生き方を戒める警告がある。「バベルの塔」（創世記11章）は、そのひとつである。

　物語は、かつて世界中の人々がひとつの言語でコミュニケーションをとっていた、という記述から始まる。やがて人は天まで届くような高い塔を建設しようとする。石や漆喰の代わりにレンガやアスファルトを使用していることから、古代社会においてもかなり文明の進んだ

101

地域が舞台となっていることがわかる。「全地に散らされることのないようにしよう」（11：4）という人間の言葉からは、違いを恐れ、同じ行動を取ろうとする人の姿が見える。

　バベルの塔を建設する人々の動機は、「天まで届く塔のある町を建て、有名になろう」（11：4）というものである。天とは「神の座」であるから、繁栄にまかせて神にとって代わり、すべてを支配しようとしているのだ。ここに見えるのは、人間の自己顕示欲であり、自らの業績や名声が知られることを望む姿である。創世記3章の「蛇の誘惑」物語と同じように、ここにも「神のようになろう」とする人間が描かれている。最終的にこの塔は完成しない。神が人々の言葉を混乱させて、互いに話が通じなくしてしまったからだ。聖書は「こういうわけで、この町の名はバベルと呼ばれた。主がそこで全地の言葉を混乱（バラル）させ、また、主がそこから彼らを全地に散らされたからである」（11：9）と語る。つまり「バベル」という名は**「混乱」**という意味の**「バラル」**から名付けられた。人が人間中心に陥ってしまうと、互いに言葉が通じなくなり、共存することができなくなってしまうことが表現された物語といえる。

バベルの塔の舞台

　バベルの塔が建てられた「シンアルの地」とはバビロンのことで、メソポタミアの肥沃な地方である。そこはもっとも早く文明が開けた場所のひとつといわれている。考古学の発掘調査によるとメソポタミア地方には実際に**ジックラト**と呼ばれる高い塔の神殿があったという。そのため聖書のバベルの塔は大都市バビロンにあった**エ・テメナン・キ**（天と地の礎の家）と呼ばれるジックラトだったのではないかと推察する学者たちがいる。バベルの塔の物語は何かしらの理由で未完成のまま放置されていたその塔を題材にしている可能性が高い。

　紀元前6世紀にネブカドネツァル王のもとで栄華を極めた町バビロン。人々はこの町をバビロン（神の門）と呼び、この町こそ神に到達

する場所だと考えた。しかし創世記はこの町をバラル（混乱）と呼び、人間中心主義を極めるこの町を批判したのだ。

イエスが残したインパクト

　人間中心・自己中心という罪は人間だれしもが持っており、そこから自由になることは難しい。このことを念頭に置きながら、キリスト教の始まりを考えてみよう。2000年前に十字架上で殺されたイエスは、なぜ多くの人々の心を動かしたのだろうか。それは、自己中心的な人間の中にあって、イエスが死ぬまで神を中心に置き、隣人のために愛を持って生きたからではないのか。十字架で処刑されるまで貫かれたその生き方こそが、多くの人々に強烈なインパクトを残したのではないだろうか。

ピーテル・ブリューゲル作「バベルの塔」

6 旅人として生きるメンタリティ

人生はよく旅にたとえられる。わたしたちは旅人のようにさまざまな人に出会い、時に想像もつかない経験をしながら与えられた人生を歩んでいる。多くの人が安寧な生活を望むものの、わたしたちを取り巻く環境は常に変化している。ここで取り上げるのはアブラハム物語（創世記 12 章以下）である。彼の生き方から**旅人として生きるメンタリティ**、そしてそれぞれに約束された場所について考えてみよう。

アブラムからアブラハムへ

舞台は紀元前 2000 年頃。一族と共に暮らしていたアブラハムに神が旅に出るよう語りかけるところから物語は始まる。彼の名は、もともとは「**アブラム**」であったが、旅の途中で神から「**アブラハム**」へと改名させられる。アブラムは「**偉大な父**」という意味、そしてアブラハムは「**多くの民の父**」という意味である。彼はこの旅を通して、ひとつの家族の父親という存在から、より多くの人々に関わる大きな器へと成長させられていく。その生涯は、人生とは何であるのか、神に約束された地とは何であるかについて考えるようわたしたちを促す。また同時に、人はなぜ争うのかといったテーマも扱われている。

アブラハムの人生が示すこと

アブラハムの人生は常に旅の中にあった。彼は一時的にある場所に滞在することはあっても、人生の最後まで常に移住を繰り返した。ここには、神のもとへ帰るまでの地上での生活は**仮住まいである**、という聖書のメッセージが表現されているのかもしれない。さらに重要なことは、人はその**人生（旅）の目的地を知らない**ということである。アブラハムが神から呼びかけられた時も「生まれ故郷、父の家を離れて、わたしが示す地に行きなさい」（12：1）と言われただけであり、

明確な場所は示されていない。

　アブラハムにとって、この旅は「信仰の旅」でもあった。自分の家族から離れ、新しい場所に出て行く時には、さまざまな危険を覚悟しなければならない。当時の旅はもちろん、現在のように電車や飛行機に乗れば目的地まで運んでくれるというようなものではなかった。旅は基本的に徒歩、あるいはロバに乗って長い時間をかけて行われた。そこには盗賊に襲われる危険や旅先の共同体で拒否される可能性もあり、不安を抱えながらの歩みだったのである。アブラハムが目的も知らず、また危険を覚悟して旅を始めることができたのは、ただ神への信頼による。それゆえ彼は「信仰の父」と呼ばれる。

　アブラハムの旅を観察すると、彼が旅先でしばしば祭壇を築いていることに気づく。祭壇とは礼拝をする場所である。つまりアブラハムは「神は常にわたしと共に旅をしてくださっている」という想いを持っていたのだろう。そして、アブラハムの旅立ちを促す際に神が「あなたの生まれ故郷、父の家を離れて」と語りかけていることから、人はやがて家族を離れ、**自立していく存在**であることが示されている。

古代から変わらない争いの原因

　アブラハムは妻のサラ（サラも最初は「サライ」という名前だったが、途中で「サラ」に変えるよう神に言われた）と共に旅に出たが、もうひとり重要な人物がいた。甥のロトである。旅の最初から、幾度となく助け合ってきた甥のロトは、アブラハムにとって特別な存在であったはずである。しかし創世記 13 章には、この 2 人の別れが記されている。それはアブラハムの支持者とロトの支持者間での争いによるものであったが、その原因が二つ書かれている。ひとつは、「彼らの財産が多すぎたから、一緒に住むことができなかった」（13：6）とある。当時、財産の多くは家畜であったが、それを過剰に所有することでもうひとつの問題が起こる。それは土地不足である。創世記には「その土地は、彼らが一緒に住むには十分ではなかった」（13：6）と

ある。多くの家畜を養う牧草地、水飲み場が不足してしまったようだ。

　多くのものを所有するということは一見いいことに思えるが、それによって共存が難しくなることがある。どれだけ仲がよく支え合ってきた間柄でも、財産や領土の問題を前にその関係が簡単に壊れてしまうのである。現代の世界情勢を見ると、領土や資源の確保をめぐる争いが絶えないことがわかる。創世記は何千年も前からそうした人間の争いの本質を捉えている。

約束の地＝テリトリー（領土）？

　最終的に、アブラハムとロトは別々の道を選択していく。当時の慣習からいえば年長者であるアブラハムに先に選ぶ権利がある。しかし彼はロトに先に選ばせている。ロトは見える中で最高の土地、肥沃な大地を選んで進んでいく。しかし人の目によいと思えるものが常に素晴らしいとは限らない。その後ロト一族は、最高の土地と思えた場所で滅亡の危機を迎えることになる。

　それに対して、アブラハムは神から声をかけられるまで顔を上げず、土地を選択しようともしない。うつむくアブラハムに神は顔を上げるように語りかける。そして「この土地を縦横に歩き回るがよい。わたしはそれをあなたに与える」（13：17）と宣言する。これは、決められたテリトリー（領土）を与えるということではなく、その人がこれから生きていくすべての場所が神に遣わされた約束の場であるということを示しているのではないだろうか。約束の地とは、自分がすべてを思い通りにできる場ではない。危険や不安がない場所でもない。人は自分が生きる場を自分に与えられた約束の地として、自由に生きていく強さを持たなければならない。

人にはどれだけの土地がいるか

　トルストイの短編小説『人にはどれだけの土地がいるか』には、貧しいながらも一生懸命働くパホームという人物が登場する。彼は

第3章 創世記から浮かびあがる命と生き方

広い土地を所有するほど生活は豊かになると信じている。ある時パホームは「土地さえあれば収穫も増え、暮らしはもっと楽になるさ。土地さえあれば何もこわくないぞ。悪魔だってこわくない」とつぶやくのだが、それを悪魔が聞いていた。悪魔は、「よし見てろ、その土地がお前の命取りになる。お前は土地をどんどん手に入れる。どうなるか見てるがいい」と言い、パホームは悪魔に試されることになる。

パホームは旅人の情報をもとに移住し、より大きな土地を得ていく。暮らしは楽になるがそれでも満足できず、もっと土地があれば、と思うのであった。そしてある旅の商人から、パシキールという遠い村ではわずか 1000 ルーブルで好きなだけ土地が買えるという話を聞く。そこでは土地の一点から歩き出してしるしをつけていき、一日中歩き回った土地を 1000 ルーブルで購入することができるという。ただし、日が沈む前に出発点に戻ることが条件であった。それを聞いたパホームはさっそくパシキールに出かけ、土地を得る手続きをする。

次の日の午前、パシキールの村長は集まった人々の前でパホームに「見渡す限り、わたしの土地です。ここを出発して、ここへ戻ってきてください。歩き回った土地はみんなあなたのものです」と宣言する。パホームはひと時も無駄にしまいと急いで出発する。目印を立てながら、休まず歩き続ける。このあたりでそろそろ曲がろうかと思うと、その先がさらによい土地のように見え、欲張る気持ちが湧いてくるのであった。しかしもう戻らなければ、さすがに日没までに出発点に帰れない。パホームは力を振り絞ってゴールを目指すのだが……。

結論はぜひ実際に小説を手に取ってもらいたいが、トルストイはこの小説を通して、「人は何を大切に生きるべきか」と問いかけている。財産さえあれば幸せだと考える多くの現代人にも訴えるものがある。人はこの地上では旅人である。わたしたちは中学校から高校、高校から大学、あるいは社会人へと常に新しい場に移動していく。そうした変化に富んだ人生の中で何を大切にして生きていくのか。アブラハム物語とトルストイの小説はこの問いを投げかけてくるのである。

107

7　空を見上げる人として

　聖書には人の生々しい姿が多く描かれている。聖書における最初の殺人は兄弟殺しであった（創世記 4 章）。その中に登場する兄カインの姿とアブラハムの姿とを比べてみよう。

死を呼び込む嫉妬

　創世記の最初の人アダムとエバとの間には、カインとアベルという二人の兄弟が生まれる。兄カインは農業を、弟アベルは家畜の飼育を生業とする。二人が神への捧げ物をした際、カインは「土の実り」すなわち農作物を、アベルは羊の群れから肥えた初子を持ってきた。すると神はアベルとその捧げ物には目を留めたが、兄の捧げ物には目を留めなかった、とある。多くの人が神の不公平な選びに疑問を持つであろうが、その理由は何も書かれていない。この神の選びに不満を抱いたカインは弟に対して殺意を抱くようになる。そしてこの殺意が神に捧げ物をする礼拝の後で実行に移されてしまうのだ。

　創世記 9 章 6 節には「人の血を流す者は、人によって自分の血を流される。人は神にかたどって造られたからだ」とあり、人殺しがゆるされないのは人が神のイメージを持つからとされている。しかしカインは感情のままに弟アベルを殺してしまった。この物語における重要なテーマは人間の「嫉妬」である。カインという名には「つくる」の他に「槍」という意味があるが、人間だれしも経験する嫉妬という感情は、時として槍のように人を貫き、殺してしまう力を持っている。嫉妬はそれほど強く、激しい感情なのである。

顔を伏せるカイン

　神に捧げ物を選んでもらえず、激しく怒って顔を伏せたカインに、神は「どうして怒るのか。どうして顔を伏せるのか。もしお前が正し

いのなら、顔を上げられるはずではないか。正しくないなら、罪は戸口で待ち伏せており、お前を求める。お前はそれを支配せねばならない」（4：6-7）と語りかける。カインには神の不公平な選びに対して、顔を上げて抗議する自由が与えられている。しかしカインは本当の感情を隠し、顔を伏せたのである。本来人は罪を引き起こす嫉妬をなんとかコントロールしなければならないのだが、カインは逆に嫉妬に支配されて弟を殺害してしまうのだ。

神に反論するアブラハム

さて、神の前で顔を伏せたカインと対照的なのが、アブラハムである。創世記15章1-6節には、カインと同じく神に不満を抱くアブラム（当時はまだ「アブラム」）の姿が描かれている。ある夜、神が「あなたの受ける報いは非常に大きいであろう」（15：1）とアブラムに語りかけるのだが、アブラムはそれに反論する。彼が神に促されて旅に出たのは高齢になってからであった。多くの子孫を与えるという神の約束を信じて旅をしてきたが、妻サラには子どもができず一向にそれが果たされない。現実的な手段として、エリエゼルという奴隷の子を養子にして家を継がせることが彼に残された道であった。アブラムはカインとは違い、神に向かって「御覧のとおり、あなたはわたしに子孫を与えてくださいませんでしたから、家の僕が跡を継ぐことになっています」（15：3）と皮肉を込めて反論したのである。

顔を上げ、空を見上げる人に

それに対して、神はアブラムを外に連れ出し、「天を仰いで、星を数えることができるなら、数えてみるがよい」（15：5）と語りかける。当時の家は、幕屋というテントのような移動式の住居であったが、神はアブラムをそこから外へ連れ出した。このテントを、アブラムが閉じこもっていた殻を表す象徴と考えることもできるのではないだろうか。人は自分の経験や認識に基づいて物事を判断し、嫌なことがあ

ると自分の殻にこもってしまう。失望が続けばその殻はさらに硬くなり、そこから出ることが難しくなる。しかし神は、アブラムをテントから連れ出したように**人を殻から連れ出して、もっと大きな視点や秤で世界を捉えるように**導いていく。わたしたちは時に、暗闇と思える出来事の中に数え切れない星（光や希望）を見出すことができるのだ。

　アブラムとカインの違いは、苦境にあっても顔を上げて神と対話できたかどうかというところにある。顔を伏せる時に見えるのは自分の足元、つまり自分だけである。周りに人がいても、顔を伏せてしまえば見ることができない。そして自分の感情だけに囚われ、それに支配されてしまう。しかし顔を上げると周りの人が見え、さらに天を仰ぐことで神との対話が始まり、殻にこもっている時には見えなかった希望を見出していくことができるのだ。

信じることは、自分をたしかにすること

　ギリシア語では人間を「**アンスローポス**」というが、これは「上方」を指す「アナ」と「顔」を意味する「プロスオーポン」が組み合わさった言葉である。つまり人間とは「顔を上へ」向けて生きる存在だと認識されていたのだろう。人間とは己を見つめるだけではなく、顔を上げて、仰ぐ対象との関わりの中で初めて自分を知ることができる存在である、という理解がここにはある。

　さて、神によって外に連れ出されたアブラムは最終的に「主を信じた。主はそれを彼の義と認められた」（15：6）とある。「アブラムは主を信じた」と訳されているヘブライ語は、直訳すると「アブラムは自分をたしかにした。主において」となる。**信仰を持つとは、揺れ動きやすい環境の中にあっても、自分をたしかにしていくことなのである**。

第4章

現代の諸問題と聖書

日系アメリカ人のトーマス・マツオカ氏による油絵。アメリカの日系人強制収容所のひとつであるトパーズ収容所内に設けられた礼拝場所を描いたもの。入口付近で女性が年配の女性を歓迎しているが、その横に白い衣を着たイエスが描かれている。アメリカ・カリフォルニア州アラメダ市にあるブエナビスタ・ユナイテッド・メソジスト教会所蔵。

1　宗教とカルト

　この世界には体系化された宗教や、組織としては体系化されていないがそれぞれの土地に根づいた宗教的伝統など、多くの信仰の形が存在する。日本では特定の信仰対象を持つ人は少ないが、多くの人が初詣などで寺院や神社を訪れ、結婚式ではキリスト教会、葬式では仏教の寺を訪れるなど、宗教儀式に触れる機会は意外と多い。ではそもそも宗教とは何だろうか。それはどのように定義できるだろうか。ここでは、まず宗教を規定する二つの条件を取り上げて考察するが、そこから特定の宗教を信じていない人も「宗教性」を持っていることを指摘したい。また同時に、社会問題としてのカルトについても学びたい。

信仰対象の有無

　宗教を定義するひとつ目の条件は信仰対象の有無である。信仰の対象となりうるのは神（神々）、人間、自然、動植物などさまざまだ。単数の「神」を信仰するものを**一神教**と呼び、ユダヤ教、キリスト教、イスラム教などがこれに含まれる。また複数の「神々」を信仰するものを**多神教**と呼ぶ。代表的なものとして、インドのヒンドゥー教や、「八百万の神々」を信仰対象とする日本の神道を挙げることができる。また仏教においては「神」という表現は適切ではないが、観音や菩薩、地蔵などさまざまな信仰対象があるといえるだろう。

　自然を信仰の対象とするものをアニミズムというが、そこでは木々や虫だけでなく、命を持たない物も含めて万物に魂が宿っていると考えられていることが多い。これは世界のさまざまな地域に認められる宗教的伝統である。

宗教的実践の有無

　宗教を定義する二つ目の条件として、何かしらの教えや教義に基づ

第 4 章 現代の諸問題と聖書

く宗教的な実践をすることが挙げられる。これには礼拝、儀式、瞑想、祈りなどが含まれるだろう。たとえば神社でのお祓いや仏教の経、またキリスト教の礼拝はすべて宗教的な実践である。またイスラム教ではラマダン月に断食が行われるが、こうした禁欲や、より厳しい苦行も宗教的実践といえる。瞑想や祈りといった実践は集団で行われることもあれば、個人で行われることもある。キリスト教主義学校では礼拝を行うが、それは学校における宗教的な実践と捉えることができるだろう。

だれもが持っている宗教性

　以上、宗教を定義する二つの条件を取り上げてみたが、これらの条件は「特定の宗教を信じていない」という人々にも当てはまるのではないだろうか。ひとつ目の「信仰対象」を考えてみると、たとえばお金や地位、名誉や美しさに執着する人はたくさんいる。ある人にとって神が信仰の対象であるのと同じように、また別の人にとってお金や美しさこそが信仰の対象となっている場合もあるのだ。

　これと関連づけて、二つ目の「宗教的実践」を考えれば、お金を得るための商業活動あるいは詐欺行為を考えることができるだろう。お金をたくさん得るために商業行為に精を出すこともあれば、それが行き過ぎて他人をだましてもたくさんのお金を得る詐欺行為を正当化することもある。また美を得るために、整形を繰り返すことも、自らの信じるものへの実践だということができる。

　日本では、宗教を信じているか否かを分けて考える傾向が強いが、実はこうした宗教性はだれしもが持っているのである。

キリスト教の定義

　では次に、キリスト教という宗教の定義を試みてみよう。それは先ほどの二つの条件にもうひとつ条件を付け加えるものとなる。

　英語では宗教をレリジョン（religion）というが、その語源であるラ

113

テン語レリギオ（religio）には「再び結ぶ」という意味があるという。旧約聖書の創世記3章には、人が神との約束を破り楽園を追われる物語がある。そこで神と人間の間には超えられない大きな断絶が生じる。キリスト教の神学者アウグスティヌスは、この人間を救うために神の子イエスが地上に遣わされ、十字架を通してもう一度人間が神と和解し結ばれる道のことをレリギオと呼んだ。つまりキリスト教は、神と人、人と人を再び結ぶことに究極の関心を持つ宗教といえる。

　イエスはまさに神と人、人と人とを結び合わせることに力を注いだ人だった。マタイによる福音書22章34-40節では、ひとりの律法の専門家がイエスに数多くある律法の中で何が一番重要かと問いかけ、論争を仕掛けている。それに対してイエスはこう答えた。「『心を尽くし、精神を尽くし、思いを尽くして、あなたの神である主を愛しなさい。』これが最も重要な第一の掟である。第二も、これと同じように重要である。『隣人を自分のように愛しなさい。』律法全体と預言者は、この二つの掟に基づいている」（22：37-40）。イエスは、神と人、自分と他者、そして自分と（受け入れたくない部分も含めた）本当の自分を愛で結び合わせることの重要性を語るのである。分断しているものを結び合わせることが、宗教としてのキリスト教の本質といえる。

意外に多いカルト

　さて、宗教について考える時にはカルトについても考察する必要があるだろう。日本にもカルトと呼ばれる宗教集団が数多く存在する。カルト（cult）は、「神々を崇拝する」という意味のラテン語カルタス（cultus）から来ている。日本では1970年代以降、金銭の搾取やマインド・コントロール、洗脳によって個人の人格や尊厳を破壊する宗教集団のことを「カルト」と呼ぶようになった。現在でも日本にはキリスト教系、仏教系、神道系、そしてそれらを混ぜたものなど、数多くのカルト集団が存在している。

　カルトはたいていの場合、宗教団体という正体を隠して近づいてく

る。大学のサークルや自己啓発セミナー、占い、スピリチュアルカンセリングなどを装って近づき、気づいた時にはその集団の一員となってしまうケースが多いのだ。これらのカルトは「友だちや出会いが欲しい」「将来に不安がある」「理不尽な世の中で正しく生きたい」「不幸を抜け出して幸せになりたい」などだれにでもある欲求に働きかけ、自分たちこそがその願いを叶える援助者だと錯覚させる。多くの大学が、カルト集団のなりすましサークルへの対応に苦慮している。

（カルト問題キリスト教連絡会編『カルトって知ってますか？』p.3）

　カルトはさまざまな方法で近づいてくる。よくある手法としては、「先祖が苦しんでいるからあなたに不幸が重なって起きている」などまず不安を植えつける。また劣等感や罪悪感を煽っては、時には褒めるというように、巧みに相手の心を支配していく。そしてそういった問題の解決として高額な運勢鑑定やヒーリング体験を契約させたり、印鑑などを高額な価格で購入させたりする。こういった手法はスピリ

チュアル商法や霊感商法といわれる。その結果、被害者が多額の借金を抱えるケースも多い。

カルトのいくつかの特徴
- 集団への依存を強め、社会の情報を遮断し、孤立化を図る。
- 家族や友人との関係を極端に制限する。
- 「他の宗教や社会がすべて堕落している」と教える。
- グループの施設で集団生活し、家族に所在さえ伝えさせない。
- 精神的脅し、脅迫的な予言を行い、多額の金銭や労働を強要する。

カルトは**マインド・コントロール**や**洗脳**のテクニックを巧みに用いる。その人があたかも自分で決めたかのように思考をコントロールしていくのだ。そしてその人がもともと持っていた人格を破壊し、自由自在に操ることができる人格へ再構築しようとする。相手を極度に抑圧的な環境に置き、その人の思考、感情、行動、情報さえも制限し、人格を乗っ取っていくのである。いずれも被害者に強烈なトラウマを残し、精神的な回復には長い時間を要することが多い。

破壊的なマインド・コントロールの手法はカルトなどの宗教集団だけでなく、自己啓発セミナーや家族内の関係にも見ることができる。

カルトはなぜいけないのか

しかしそもそも信教の自由は憲法で認められているのだし、個人がカルトを信仰して幸せならそれでよいではないか、という意見もあるだろう。なぜ、カルトは批判されなければならないのか。それには二つの理由がある。ひとつは、カルト集団が**個人の尊厳や人格を破壊するなどの人権侵害を行う**からだ。情報を自由に得ながら個人で考えて信じる対象を選ぶのではなく、カルトは、それらを著しく制限しながら自分たちにとって都合のよい人格を構築していくことが問題なのである。

もうひとつは、**被害がその人だけで終わらないからだ**。カルトに陥

第 4 章 現代の諸問題と聖書

った人は被害者であるが、たいていの場合同時に加害者に変わってしまう。入信するとさまざまなノルマが課せられ、それを達成するために他人を騙して高額な契約を結ばせようとする。さらに被害者はそれが相手のためにもよいことであると信じ込んでいるので、被害が拡大してしまう。

結び合わせることと分断すること

　以上、カルトについて考えてきた。カルトはたいていの場合自らの集団以外は悪だと教え、家族や友人、社会生活からの分断を図る。カルト集団の中では、擬似的な愛やつながりを感じさせる工夫がなされているが、その人の思考、感情、行動を支配するために外部との関係を分断していくのだ。しかし先にも見たように、宗教の目的は分断ではなく、人と人、人と神とを結び合わせることになくてはならない。

カルトへの対策
・正体不明のアンケートに答えない。答えた個人情報が後で家庭訪問などに使われる可能性がある。
・主催者がよくわからない自己啓発講座やビデオ上映会、ネット情報には注意し、怪しいと思ったらまずネットなどで調べる。
・信頼できる先生や高校や大学の宗教部、学生課などに相談する。

カルト問題を扱うホームページ
・カルト問題キリスト教連絡会 http://controversialgroupscommittee.info/wordpress/
・日本脱カルト協会　http://www.jscpr.org
・全国統一協会被害者家族の会　http://e-kazoku.sakura.ne.jp/index.shtml
・弁護士紀藤正樹の LINC! http://masakikito.com
・全国霊感商法対策弁護士連絡会　http://www.stopreikan.com

117

2　病や苦しみと人間の尊厳

　2020 年に本格的なパンデミックを引き起こした新型コロナウィルスは、罹患者や医療従事者に対する偏見や「自粛警察」という言葉に見られたような他者への攻撃性など、病と差別とが簡単に結びつくことを改めて明らかにした。

　聖書には病を負った人物が多く登場する。たとえば「重い皮膚病を患う人」などが登場するが、この「重い皮膚病」はヘブライ語の「むち」「こらしめ」という意味を持った言葉である。こうした人々は神の罰として病を得たのだと考えられており、町の外に住むように強要されていた。旧約聖書のレビ記には宗教祭儀や生活上の決まりがたくさん記されているが、その中に次のような決まりがある。

もし、皮膚に湿疹、斑点、疱疹が生じて、皮膚病の疑いがある場合、その人を祭司アロンのところか彼の家系の祭司の一人のところに連れて行く。祭司はその人の皮膚の患部を調べる。患部の毛が白くなっており、症状が皮下組織に深く及んでいるならば、それは重い皮膚病である。祭司は、調べた後その人に「あなたは汚れている」と言い渡す。　　　　　（レビ記 13：2-3）

重い皮膚病にかかっている患者は、衣服を裂き、髪をほどき、口ひげを覆い、「わたしは汚れた者です。汚れた者です」と呼ばわらねばならない。この症状があるかぎり、その人は汚れている。その人は独りで宿営の外に住まねばならない。　　　　　（レビ記 13：45-46）

　こうした宗教規定に基づいて、病や障がいを負う人々の尊厳は著しく貶められていた。このような慣習が古代の誤った価値観に基づいているのは事実である。しかしこのような価値観は今なお克服されずに現代人の考えにも深く根をはっている。

第 4 章 現代の諸問題と聖書

根深く潜む「優生思想」

　病や障がいの有無、人種などをもって人間の優劣を決め、優秀な遺伝子のみに存在価値を認める思想を「優生思想」という。かつてナチス政権下のドイツではこういった思想に基づいてユダヤ人、障がい者、また同性愛者などが激しく弾圧された。さらに軍国主義下の日本でも「弱い遺伝子を駆逐し、強い日本をつくり上げる」という思想のもと、ハンセン病患者や障がい者の人権が侵害されるなどした。残念ながらこの「優生思想」は今もなお克服されたとは言いがたい。2016 年には相模原の障がい者施設で当時 26 歳の元施設職員が 19 人の入所者を刃物で殺害するという衝撃的な事件が起こった。犯人は、障がい者は不幸でしかないのでいない方がいいという、まさに「優生思想」を持っていたことがわかっている。

　人間の尊厳や価値は、病や障がいによって左右されるのであろうか。第 1 章で学んだようにイエスは病や障がいを持つ人々と多く関わった。当時は尊厳や人格が認められていなかった人々の中にイエスは大きな尊厳を見出し、その価値を信じた。人間の尊厳とはむしろ苦しみを経験した人の中に現れるのではないだろうか。人間の尊厳について、ハンセン病と共に生きた人物から学んでみよう。

ハンセン病

　ハンセン病とは、「らい菌」による感染症で、病名は 1873 年にらい菌を発見したノルウェーの医師アルマウェル・ハンセンに由来する。かつて日本では「癩病」と呼ばれていたが、それが差別的に用いられてきた歴史などから、ハンセン病と呼び直されることとなった。主に皮膚と神経を蝕む感染症であるが、感染力は非常に弱い。しかし発症して治療せずに放置すると身体中の突起箇所の変形や失明など外見に大きな変化をもたらすため、その見た目からも恐れられ、差別された病である。日本では 1907 年の「癩予防ニ関スル件」から 1996 年のらい予防法撤廃まで約 90 年、ハンセン病患者は絶対隔離された。こ

119

れは弱い遺伝子を駆逐し、強い日本をつくり上げるという当時の国策と深く関係し、ハンセン病の人々の根絶を目的としていた。隔離生活では、家族や社会との関わりを強制的に奪われ、断種（子どもができないようにする手術）が強制されるなど、その人権侵害は激しいものであった。

苦しみをうたう詩人、塔和子

　塔和子（1929-2013年）という詩人がいる。彼女は12歳でハンセン病を発病し、13歳の時に大島青松園に強制隔離された。同じく強制隔離されていた赤沢正美と結婚し、詩の世界に目覚める。その半生についてはドキュメンタリー映画『風の舞──闇を拓く光の詩』（宮崎信恵監督、2003年）に詳しくまとめられているが、彼女は人が生きるということを深く見つめた詩を数多く残している。

　たとえば「師」という詩は、家族や社会から切り離された彼女の人生そのもののように映るが、理不尽に押し寄せる苦難をどのように受け止めるかについて深く考えさせてくれる。

師

私は、砂漠にいたから　一滴の水の尊さがわかる
海の中を漂流していたから　つかんだ一片の木ぎれの重さがわかる
闇の中をさまよったから　かすかな灯の見えたときの喜びがわかる
苛酷な師は　私をわかるものにするために　一刻も手をゆるめず
極限に立ってひとつを学ぶと　息つくひまもなく
また　新たなこころみへ投げ込んだ
いまも師は　大きな目をむき　まだまだおまえにわからせることは
行きつくところのない道のように　あるのだと
愛弟子である私から手をはなさない
そして　不思議な嫌悪と　親密さを感じるその顔を
近々とよせてくるのだ
（塔和子「師」『いのちの詩──塔和子詩選集』pp.104-105）

第 4 章 現代の諸問題と聖書

　彼女のうたう詩には、**苦難を味わったからこそ光を知り、社会との関わりを絶たれたからこそその重みを知る**、といった逆説的なメッセージが溢れている。ここには、苦しみの中で輝く人間の尊厳がある。

病や苦難の中にも意味を見つけるために

　病と共に生きることには身体的な痛みだけではなく精神的な痛みも伴う。その痛みは自分自身の病によってだけ起こるのではない。家族や友人が病にかかることでも人は大きな痛みを負う。たとえば重度の病気を持って生まれた子どもの親などは、子どもの病気の原因が自分にあるのではと自分を責める傾向があるという。子どもはそのような親の想いを敏感に感じ取り、自分の存在が親を苦しめていると考えるだろう。

　それぞれの現実の中で、「わたしには神さまから大きな使命が与えられているのだ」「この人は大切な存在だ」と心から認めていくことは、とても重要なことのように思える。

　聖書では、大きな苦しみや、嘆きにあうことを、試練だと申しております。私もいのちの川の流れの中で、いくたびも幾度も苦境に立たされ、世を憎み、自分の人生を嘆き悲しんだことがありました。しかしそんな気持ちを詩に書いたとき、ああ、あれは私に、こんなことを考えさせるために、私の運命をつかさどる師が、あの苦しみを味わわせてくれたのだ。あの苦しみがなかったら、またときには飛び上がるような歓びの日がなかったら、私はこんなことを考えずに、またこんな思いを知らずに、ただ日を重ねるばかりであったと、身のひきしまる思いが致します。(中略) もし私に、このうごかしがたい大きな力をもった師が見えなかったら、どんなに不幸なことでしたでしょう。

　思えば、わたしはいつも師の声をきき、師の思うところにあったのです。愛弟子である私を、息つくひまもなく、新たな試みへ投げ込みなげこみ、手をはなさない師のもとにあって、憎々しく思いながらも、絶望的な思いを抱きながらも学ばせてもらったのです。これにすぐる恵みはありません。

　　　　　　　　　(塔和子『塔和子全詩集　第二巻』pp.290-291)

3　多様な性と人間の尊厳

サンフランシスコ市カストロ地区のレインボーフラッグ。性の多様性のシンボルとして用いられている。

　わたしたちの社会はこれまで長い間、性を「男／女」の二極で捉えてきた。そして女性よりも男性が力を持つ時代が長く続いてきた。旧約聖書にも、女性が男性の所有物と考えられていた当時の社会的価値観が反映されており、また新約聖書でも女性や子どもは数に加えられていないなど、男性中心的な価値観が見える。しかしこうした中でも、聖書には重要な役割を果たす女性を多く見つけることができる。イエスが十字架に架けられた時、危険を顧みず最後までそれを見守ったのは女性たちだったし、イエスの復活を最初に知らされたのも女性たちだった。当時、男性優位の社会の中で聖書が書かれたにもかかわらず、聖書にこれらの出来事が記されているのは、女性たちの隠しきれないほど大切な働きがあったからだろう。それは性差を超えた個人の力強い物語である。

　現在、わたしたちの生きる社会でも多様な性が認識され始めた。近年日本でもLGBT（レズビアン、ゲイ、バイセクシュアル、トランスジェンダーの略）という言葉が広く知られるようになってきたが、依然として性の問題を少数者だけの問題として捉える傾向が強い。しかし**性の問題はこの社会に生きるひとりひとりの問題である**。ここでは多様な性について学んでみたい。

基本用語

　まず基本的な用語を見てみよう。**セックス**（sex）は、「生物学的な性別」を指す。これは医学的には女性と男性に分けられるが、それぞ

第4章 現代の諸問題と聖書

れの身体のありようはただひとつではなく、さまざまな状態がありうる。中には生まれつき染色体や性器の形状などが一般に「女性の身体」「男性の身体」とされる基準とは異なった状態、また発達をたどる人たちがいる（こうした体の性のさまざまな発達を「DSDs」Differences of Sex Development と呼ぶ）。続いて**ジェンダー**（gender）とは、社会的な性差を指す。たとえば女らしさ、男らしさなどである。

さらに**セクシュアリティ**（sexuality）という言葉がある。セックスは生物学的な性別を、ジェンダーは社会的、文化的な性の区別を指すが、セクシュアリティはそのどちらも含み、人間の性のあり方を包括して使われることが多い。そして**セクシュアル・オリエンテーション**（sexual orientation）は、性的指向ともいわれ、どの性に魅力を感じるかを指す。たとえば女性を好きになる女性はレズビアン（lesbian）と呼ばれ、男性を好きになる男性はゲイ（gay）と呼ばれる。バイセクシュアル（bisexual）は男女両方を好きになる可能性がある人、ストレート（straight）は異性を好きになる人を指す。

自分の性を考えてみよう

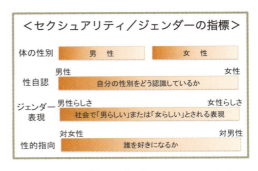

右図は、性のあり方を考える指標である。上から順に「体の性別」、自分で自分の性をどう認識しているかを示す「性自認」、自分らしい性の表現を示す「ジェンダー表現」、そしてだれを好きになるかを指す「性的指向」の四つが示されている。それぞれ、自分はこの軸上のどのあたりに点が位置するかを考えてみてほしい。

社会でいわゆる「普通」と考えられているのは、左または右に点が並ぶ一直線の形であろう。しかし、多くの人は一直線にはならないのではないだろうか。それぞれの項目において、少しずつブレがあり、

真ん中や反対側に位置する人もいるはずである。性のあり方は、100人いれば100通りの線があるほど多様なものなのだ。

人を裁くものとしての基準

　差別について考える時に重要なことは、「そこで何が基準とされているか」を考えることである。人種差別や性差別をふくめ、あらゆる差別の問題には必ず「よい」「正しい」を決める基準が想定されており、それによってよいものと悪いもの、正しいものと間違っているものとが分けられている。人はその「よい」「正しい」の枠内にいると安心できるが、そこから否応なく外れる人にとってその基準は抑圧的に働く。しかしこの基準は普遍的なものではなく、人間によってつくられるものであり、時代やそこに生きる人によって変わるものである。わたしたちは多数派にとって都合のよい基準で、それ以外の人々を裁いてはいないだろうか。

憎悪とゆるし

　1998年10月、アメリカ・ワイオミング州ララミーという町で、気温零下の中、人気のない牧草地の柵に縛られているひとりの青年が発見された。それは当時21歳のマシュー・シェパードだった。マシューはすぐ病院に運ばれて手術を受けたが、意識を取り戻すことなく5日後に他界した。彼の頭蓋骨は拳銃の銃座で数十回も殴打されて陥没しており、顔じゅうが血まみれであったという。

　犯人が捕まり、事件の全容が明らかになった。2人の犯人は事件当日にバーでお酒を飲んでいたマシューに「家まで送る」と声をかけた。そして彼を車に乗せて、そのまま丘へ向かったという。犯人たちの当初の目的はマシューの財布であったが、しかしのちに「彼がゲイだと知って怒りが止まらなくなった」という。この強い同性愛嫌悪（ホモフォビア）に基づいた残酷な殺人事件は、アメリカ社会に大きな衝撃

第4章 現代の諸問題と聖書

を与えたのであった。

　犯人たちには死刑が下されるだろうという大方の予想に反し、終身刑が言い渡された。判決が死刑を回避したのは、マシューの両親の働きかけがあったためだといわれている。父親は結審の時に法廷で次のような言葉を語った。

> マッキーニさん〔主犯の名前〕、わたしはきみが死ぬこと以上にふさわしいことはない、と思っている。けれども今は癒しを始める時だ。相手にいかなる慈悲を与えることも拒んだ者にも、慈悲を示す時だ。マシューを失ったことを終わりにするため、その最初のステップとしてわたしはこれを行う。わたしはこれを君の家族のためにするのではない。これはけっして思慮に欠けた決断ではないし、また宗教的グループからの不当な圧力によってするのでもない。マッキーニさん、きみの死を望むわたしの気持ちを変えるようなものがあるだろうか。これはわたしにとって難しいことだが、わたしは君が生きることをゆるす。これはマシューの意志なのだ。(Judy Shepard, *The Meaning of Matthew*, pp.246-247. 私訳)

　愛する家族を殺された者が犯人をゆるすことは極めて難しいはずだ。しかしマシューの両親は息子のために、犯人をゆるそうとした。

　同性愛嫌悪に基づく差別や事件は、今もなお、世界中で現実に起こっている。わたしたちがさまざまな違いをどのように受け止め、乗り越えていくかが問われている。

聖書と同性愛

　キリスト教では同性愛の問題をめぐって意見が二分している。同性愛を神に背く罪として糾弾するグループもあれば、教派全体、教会全体で同性愛者の人権擁護を訴え、同性パートナーシップを積極的に祝福するグループも数多く存在する。

　同性愛反対派の人々がよくその根拠として取り上げるのが、以下の三つの聖書箇所である。

　ひとつ目はレビ記18章22節の「女と寝るように男と寝てはならな

125

い」という箇所、二つ目は創世記19章1-29節の「ソドムの滅亡」の物語、そして最後に、新約聖書ローマの信徒への手紙1章26-27節でパウロが同性同士の関係は「自然の関係」に反する、と述べる箇所である。

これに対して同性愛者の権利擁護の立場からは、次のような反論がなされている。まずひとつ目のレビ記の規定について、現代では同性間の性的関係を禁止する規定だけがなぜか特に問題にされるが、レビ記には他にも食物規定（豚やうなぎ、タコなどを食べてはいけないとする）をはじめ多くの規定があり、また特定の病の人や障がい者が汚れているとされるなど、現代の価値観とは相容れない規定が多く含まれている。レビ記の食物規定を厳格に守るキリスト教徒はほとんどいないし、イエスは病や障がい者を罪人と定める当時の常識に抗った人物である。それを引き継いで、キリスト教は医療などの分野で人権回復に貢献してきた歴史がある。それなのになぜ今なお同性間の性交に関する規定だけ有効とするのか、という反論だ。

次に、ソドムの物語である。欧米ではソドムの町が滅ぼされたのは、その町の男たちが男性同士で性的行為をしていたためだと長く考えられてきた。しかし同じ聖書の他の文書では、「ソドムの罪」を「同性間性交の罪」とは考えていない箇所がいくつかある。たとえばエゼキエル書には「お前の妹ソドムの罪はこれである。彼女とその娘たちは高慢で、食物に飽き安閑と暮らしていながら、貧しい者、乏しい者を助けようとしなかった」（16：49）とあり、ソドムの罪は貧しい人や困っている人を助けようとしなかったこと（ホスピタリティの欠如）だと理解されている。だから「ソドムの罪」＝「同性愛行為」とするのは正しくない、という反論である。

またローマの信徒への手紙におけるパウロの戒めについては、そもそもパウロが使っている「自然」という言葉の意味を考える必要がある、との指摘がある。ここでの「自然」は神がつくった普遍的な自然の法則と解釈されることが多いが、パウロは聖書の他の箇所で「女性

は長い髪でいるのが自然だ」（Ⅰコリント 11：14-15）などと言っており、これは明らかに**普遍的な法則というよりは当時の社会的常識**を指している。もしそうであれば、同性間の関係は「自然」で

はないというパウロの言葉も、当時の常識から見れば「自然」ではない、ということにすぎないのではないか、という反論だ。

　聖書をどのように読むかには立場によって大きな違いがあり、同性愛をめぐってもさまざまな解釈があることを覚えておきたい。

イエスに立ち戻る時

　イエスはもっとも大切な掟として「『心を尽くし、精神を尽くし、思いを尽くして、あなたの神である主を愛しなさい。』これが最も重要な第一の掟である。第二も、これと同じように重要である。『隣人を自分のように愛しなさい』」（マタイ 22：37-40）と教えた。わたしたちは神と隣人を愛するということについて、今一度考えなければいけない。

　さらに創世記には「神は御自分にかたどって人を創造された。神にかたどって創造された」（1：27）とある。人が神のイメージにつくられたということは、どういうことなのだろうか。それは、単一のものとして人間がつくられたということではけっしてなく、それぞれに多様で固有な神のイメージが反映されているということではないだろうか。多様性を持った個々人で構成されるこの世界は、たとえば**無限な種類の色を持つ色鉛筆**のようなものかもしれない。あるいはモザイク画のように、ひとりひとりが違う重要なピースであって、それが愛によって組み合わされて一枚の絵（世界）ができあがるのかもしれない。イエスが目指したように、カテゴリーや所属で人を見るのではなく、向かい合う他者をそのまま大切な個人として認めたい。

4　人種差別と人間の尊厳　①

　はじめに、次の文章を読んでみよう。

日系アメリカ人３世ダリル・ノダさんの体験

　アメリカ・カリフォルニア州サンノゼに住むダリル・ノダ（Daryl Noda）さんは日系アメリカ人３世のクリスチャンである。

　彼は12歳の頃、ボーイ・スカウトのキャンプに参加するために２世の父親とともにアメリカ内陸部に向かっていた。目的地までの旅の途中、親子はドライブの疲れを癒すためにコーヒーショップに入ることにした。そこで突然父親が血を吐いて倒れたのである。少年だったダリルは、お店に居合わせた人たちに涙ながらに助けを求めた。しかしお店にいた人は皆、日系人の親子を冷ややかな目で見るだけで、なかなか助けてくれない。ようやくのことで救急車を呼び、父親が運ばれていった後、少年ダリルはひとり店に取り残されて呆然としていた。その時、年配のウェイトレスが彼の横にモップを置き、もう１人のウェイトレスに向かってこう言ったのだ。「わたしはあの汚いジャップの後始末はごめんだよ」。結局、父親は運ばれた病院でそのまま亡くなった。彼は、激しい人種差別と父親を亡くした悲しみを一度に味わったのであった。

　これは、わずか50年ほど前にアメリカで起こったことである。なぜ人は人を差別するのか。そこにはどのような力が働いているのだろうか。残念なことに近年、世界中でまた目に見える形で人種差別が強まってきた。アメリカでは白人至上主義者の活動が目立つようになり、日本でも特定の民族・文化・国籍の人々に対するヘイトスピーチが堂々と叫ばれるようになった。ヨーロッパでも排外主義が高まりを見せ、移民や難民への差別が強まっている。人種差別をなくし、差別のない社会を実現することはできるのだろうか。

さまざまな差別

　差別のタイプをいくつかに整理してみよう。ひとつ目は、**生物学的な差別**である。これはある特定の身体的特徴を持つ人をもっとも優れ

ているとし、それ以外の人々を知的・能力的に劣っていると信じることで生まれる。これには障がい者差別や容姿に基づく差別などが含まれるだろう。二つ目は、**文化的差異による差別**である。これはある特定の文化のみを成熟した価値あるものと捉え、他の文化を野蛮で劣っていると決めつけることから起こる。かつて欧米諸国に、そして戦前・戦中の日本にも顕著に見られた帝国主義や植民地主義はこれに含まれる。三つ目は生物学的な差異、文化的な差異の両方の要素をあわせ持った**人種・民族差別**である。「人種」概念は生物学的なものと考えられることが多いが、実際には身体的特徴のみならず文化的差異や信じる宗教の違いからもつくり出されてきた複雑な概念である。黒人差別、ユダヤ人差別を含め、あらゆる人種・民族差別がこれに含まれる。そして四つ目は**性差別**である。特定の性別の利権を守り、それ以外の性別の人々を価値の低いものとして精神的、肉体的に貶めていく。いうまでもなくこれには女性差別やトランスジェンダー差別などが含まれる。

　差別はさまざまな違いを取り上げ、偏見に基づいてその違いに優劣をつけた結果として起こる。注意深く考察すると、**差別には常に「基準」が想定されている**ことがわかる。白人至上主義では、「白人」が基準とされてそれ以外の人間の価値が貶められているし、障がい者差別では「健常者」という基準が想定されている。こうした基準は、そこから外れる人たちに抑圧的、暴力的に働く。そしてテレビやインターネットの情報や人との会話など、日常生活の中で繰り返しその価値の優劣が強調されることで、差別は構造的に強固なものになっていく。

日系人強制収容所

　第二次世界大戦中、アメリカ本土の西海岸にいた日本人移民や日系アメリカ人が収容所に入れられていたことを知っているだろうか。

　日米開戦のきっかけとなった日本軍による真珠湾攻撃後、当時のアメリカ大統領フランクリン・ルーズベルトは「大統領令 9066 号」を

当時の写真。「ジャップ（日本人の蔑称）はどこかへいけ。ここは白人の土地」という看板が見える。

発令し、議会はこれを承認した。これは、アメリカ本土の西海岸に住む日系人約12万人を強制収容所に入れるというものであった。このため西海岸の日系人たちは一週間ほどですべての財産を処分し、手に持てるだけの荷物（トランク二つ）を持って収容所に入らなければならなくなった。処分できなかった財産は国に没収されるため、安く買い叩かれていったという。日系人たちの多くはまずアッセンブリーセンター（集合所）に移送され、そこで数カ月を過ごした。そこはもともとは競走馬を収容する施設で、雨が降ると馬糞の臭いがひどく、家畜として扱われるような環境だったという。ここで「自分は一度精神的に死んだ」と証言する日系人もいる。

　その後日系人たちはアメリカ本土に10カ所建てられたそれぞれの収容所に収監されていった。収容所はいずれも人里離れた砂漠のような荒れ地にあり、鉄条網で囲まれ、見張り塔からは兵士が銃を持って人々を監視していた。

　強制隔離の原因は複雑で、単に日本が敵国となったからというだけではない。たとえば多くの日系人はアメリカで長い時間と労力をかけて開墾した農地を持っていたが、それらを狙うアメリカの農業組合をはじめ、軍部、官僚、新聞が一体となって隔離政策を進めたといわれている。さらにこの措置の根底には人種差別もあった。なぜなら、当時同じく敵国であったドイツ系やイタリア系のアメリカ人はこうした扱いを受けなかったからである。

　夢を求めてアメリカに渡り、必死で働いてきた1世はそのすべてを失って途方にくれた。さらにアメリカで生まれ、アメリカ人として教育を受けてきた2世、3世の日系人は、「敵性外国人」として収容所に送られたことで自らの母国アメリカと親の故郷である日本の両方か

ら存在を拒絶されたように感じ、アイデンティティの危機を味わった。

　収容所生活の受け取り方は当時の世代によって異なる。幼少時に収監された世代の中には、各地に点在していた日系人がひとつの場所に集められたことで、遊ぶ仲間が増え、楽しいキャンプのようだったと振り返る人もいる。その反対に当時思春期であった世代は、仕切りのないトイレや狭い住居スペースに複数の家族と一緒に収容されたことで強い精神的苦痛を味わったと振り返る人が多い。またそれまでの労苦の成果である財産を奪われた親の世代の喪失感は強かった。何よりも深刻であったのは、アメリカに忠誠を示すためにアメリカ軍に入隊を志願する若い世代とその親の世代との間に対立が生まれたことであった。国家による扱いで家族が分断される事態を招いたのである。

---

442 部隊

　アメリカで生まれたアメリカ市民でありながら収容所に入れられた 2世の中には、家族の名誉回復のためにアメリカ軍に入って戦い、忠誠心を示すことが必要だと考えた若者たちがいた。そうした日系人だけで編成された部隊が 442 部隊である。これはアメリカ史上もっとも多くの勲章を受けた部隊であるが、それはすなわち犠牲がもっとも大きかったということだ。彼らは自分と自分たちの家族の名誉のために、死ぬ覚悟で戦い続けた。

　当時アメリカ最強といわれたテキサス大隊がドイツ軍に包囲された時に、この部隊はその救出を願い出る。テキサス大隊の 211 人を救出するために 442 部隊の 216 人が戦死、600 人以上が手足を失うなどの重傷を負った。この戦線でのニュースは、アメリカ人が日系人と改めて向き合うきっかけとなったといわれている。しかしそのために多くの命が失われたのだ。

【ディスカッション】　グループに分かれて話し合おう

・　学校において様々な差別や偏見を抑制するためには、どのような取り組みや教育をすることが有効であると考えるか。具体的な提案を作成してみよう。

5 人種差別と人間の尊厳 ②

「新しい人」として生きる

　エフェソの信徒への手紙はイエスの十字架の出来事を、まったく異なる両者、それも敵対する二つのものをひとつにする「和解の出来事」と捉えている。また十字架という痛みを通して「新しい人」が創造されたとある。ここでは、イエスが痛みの体験を通して「和解」をもたらし、「新しい人」をつくり上げたと考えられているのだ。

> 実に、キリストはわたしたちの平和であります。二つのものを一つにし、御自分の肉において敵意という隔ての壁を取り壊し、規則と戒律ずくめの律法を廃棄されました。こうしてキリストは、双方を御自分において一人の新しい人に造り上げて平和を実現し、十字架を通して、両者を一つの体として神と和解させ、十字架によって敵意を滅ぼされました。キリストはおいでになり、遠く離れているあなたがたにも、また、近くにいる人々にも、平和の福音を告げ知らせられました。(エフェソ2:14-17)

　1994年にノーベル文学賞を受賞した作家の大江健三郎は、著書の中でこの聖書の「新しい人」という言葉に注目して、若者へのメッセージを書いている。

> 私は、なにより難しい対立のなかにある二つの間に、本当の和解をもたらす人として、「新しい人」を思い描いているのです。それも、いま私らの生きている世界に和解を作り出す「新しい人（たち）」となることをめざして生き続けて行く人、さらに自分の子供やその次の世代にまで、「新しい人（たち）」のイメージを手渡し続けて、その実現の望みを失わない人のことを、私は思い描いています。
> 　　　　　　　　　　　　（大江健三郎『「新しい人」の方へ』pp.198-200）

この「新しい人」の姿を、日系人収容所を体験した人々の中に見出す

第 4 章 現代の諸問題と聖書

ことができないだろうか。

悲しみの場所が持つ神秘

　収容を体験した人々の言葉からは、二つの事実を知らされる。ひとつは、収容所が連帯と共感を学ぶ場所となったということ、そしてもうひとつは、収容所で創造性が培われたということだ。

① 痛みを負った人々から生まれる共感力

　収容所に入れられた人々は、内部で支え合わなければ生きていけなかった。しかし支え合いは内部のことだけではなかった。当時から日系人に対するこの措置は誤りであると信じるアメリカ人たちがいたが、その中には連帯の思いを示すためわざわざ収容所近くに移り住み、毎日収容所を訪ねる者もいたのである。収容所の中で最北に位置したワイオミング州のハートマウンテン収容所には、クリスマスに大量の段ボール箱が届けられたという。それらは白人教会から送られてきたもので、そこには大量の冬服が入っていた。収容所に収容された人々にはもともと温暖な地域に住んでいた人も多く、冬用の厚手のコートなどを持っている人が少なかったため、みな非常に喜んだという。

　このような体験を通して、のちに日系人の中から自分たちと同じように疎外、差別されている人々と連帯しようとする人たちが現れた。2001 年、アメリカで同時多発テロが起きると、その余波としてアメリカではムスリムや中東系アメリカ人への敵意が激しくなった。そんな中、連帯を示すためにムスリムの女性たちと一緒に買い物に行った日系 2 世の女性たちがいる。カリフォルニア州内陸部にあるマンザナ収容所跡では、毎年宗教の垣根を超えて合同慰霊祭が行われており、そこには多くのムスリム参加者が集う。それは同時多発テロの後、差別された自分たちのために立ち上がってくれた日系人への感謝から、といわれている。

　日系人が自分たちの痛みの経験から他の人たちと連帯していこう

133

とする動きは他にもさまざまな事例に見出すことができる。たとえば先述したダリル・ノダ氏の経験談は、彼が所属する教会のある会議での発言を要約したものであるが、その会議では教会がLGBTの人々を含めたすべての人を公に歓迎する宣言を出すかどうかをめぐっての議論が重ねられていた。さまざまな意見が交わされる中、彼は自らの体験を話しながら、激しい人種差別と父を亡くした悲しみを同時に味わったことで、自分が日系人としてアメリカ社会の外側に追いやられていることをはっきりと自覚した、と発言した。そして「だからこそ、**外側に追いやられている痛みを知っている自分たち日系人は、同じように外側に追いやられている人たちを無条件で歓迎する教会であるべきだ**」と力強く締めくくったのであった。ここに自らの痛みを共感と連帯に変えている人々の姿が見える。

② 厳しさの中で磨かれる創造性

　砂漠のようなところに建てられた収容所の周りには何もなかった。当時、夫と2人の子どもと共にハートマウンテン収容所に入れられた日系1世の堀越比佐子さんは、入った当初、収容所にはまったく色がなかったと証言した。土埃が舞う砂漠の大地、木造のバラック、どこを見ても色がない。しかしそうした環境を日系人たちは少しずつ改善していった。どの収容所にも日本庭園があったことが知られているが、砂漠のような乾いた土地に山脈から水を引くなどして人々が憩える場所をつくり出していったのである。

　そうした収容所での人々の精神が強く現れているアートがある。「我慢アート」（Gaman Art）と呼ばれるもので、これは収容所の中でつくられた芸術作品の総称である。当初、収容所内のバラックには何の設備もなかったため、人々はイスやテーブルなどの必需品も廃材から自分たちでつくった。厳しい収容生活の中で人々は次第にそういった必需品に加え、美しい芸術作品もつくるようになる。玉ねぎを入れる麻袋の糸を一本一本解きほぐし、バスケットへと編み込む。缶詰は

第 4 章 現代の諸問題と聖書

ブリキの列車に変わり、桃の種は内側を削って指輪にされ、果物など
が入っていた板箱は細かく切られ、削られて鳥のブローチに変わった。

さらに、それらを加工する工具も工夫して生み出されたものだった。
武器として使われないよう、収容所内には金属の物を持って入ること
ができなかった。そこで人々は食堂で使っていたバターナイフやアメ
リカ軍が収容所建設時に残していった金属部品、動物の捕獲器具など
を用いて、ハサミをつくった。段ボールの切れ端に砕いたガラスを貼
りつけて、サンドペーパーにした。そこではムダなものは一切なく、
人々はありとあらゆるものを使って少しでも生活に彩りを加えよう
としていたのだ。

わたしたちの人生においても、もはや希望がないのではないかと思
えるような苦しみを経験することがある。しかしこうした「我慢アー
ト」は、何もないように思えるところにも、美しい何かを生み出すさ
まざまな材料が実はある、ということを教えてくれる。わたしたちは
たとえ絶望からでも何かを生み出すことができるのだ。これは聖書を
貫くメッセージでもある。

収容所に入っていた堀越比佐子さんの体験

日本出身でアメリカに移り住んでいた堀越比佐子さんはハートマウン
テン収容所に入れられた。そこには当初、何の色もなかったが、その中
で鮮明に覚えている「色」があるという。それは収容所内で持たれてい
たキリスト教礼拝のため、外のアメリカ人教会から届けられる花束であ
った。その美しい花束は日曜日の礼拝の間、集会所に飾られ、礼拝が終
わると集まった女性たちが一輪ずつバラックへ持ち帰ったという。

堀越さんは、一週間毎日その一輪の花を楽しみに眺めたという。やが
て花びらが枯れ落ち、茎だけになっても彼女はその一輪を飾り続け、眺
め続けた。そこだけに色があったからだ。「その花のなんと美しかったこ
とか」と堀越さんは語った。

現代の私たちは有り余る色に囲まれている。しかし、その中でたった
一本の茎の中にある美しさを見出す感性を持っているだろうか。たとえ、
多くの人にはつまらないと思えるものの中にも、美しさは与えられてい
るのである。

135

> このキリストのお陰で、今の恵みに信仰によって導き入れられ、神の栄光にあずかる希望を誇りにしています。そればかりでなく、苦難をも誇りとします。わたしたちは知っているのです、苦難は忍耐を、忍耐は練達を、練達は希望を生むということを。 希望はわたしたちを欺くことがありません。わたしたちに与えられた聖霊によって、神の愛がわたしたちの心に注がれているからです。　　　　　　　　（ローマ 5:2-5）

上段2枚はハートマウンテン収容所（ワイオミング州）。上段左は当時の冬の情景。上段右は再現された当時の見張り塔。中段と下段の 4 枚の写真はすべてマンザナ収容所（カリフォルニア州）。中段左は収容所内の一部で、荒涼とした砂漠のような場所であることがわかる。中段右は再現されたバラック。下段左は収容所内に人々がつくった日本庭園跡。下段右はその当時の写真。角度や場所は異なるが同じ庭園である。

第4章 現代の諸問題と聖書

6　平和のイメージ

　武力によって平和が維持されると考える人は多い。「平和とは何か」という問いへの答えを難しくしているのは、平和の定義が曖昧でそれぞれのイメージが異なることにある。ナチス・ドイツへの抵抗運動で知られ、終戦直前に処刑されたディートリッヒ・ボンヘッファー（1906-1945年）という神学者がいる。彼は「平和」について、次のような見解を残している。

> 平和はいかにして達成されるのか。政治的な条約の積み重ねによってか。いろいろな国に国際資本を投資することによってか。あるいは、平和の確保のためにあらゆる方面で平和的な再軍備をすることによってか。そうではない。これらのことによっては、平和は来ない。なぜならここでは、「平和」と「安全」とが混同されているからである。〔中略〕「平和」は、「安全」の反対なのである。安全を求めるということは、相手に対する不信感を持つということである。そしてこの不信感が再び戦争を引き起こすのである。安全を求めるということは、自分自身を守りたいということである。
> （ボンヘッファー『主のよき力に守られて』村椿嘉信訳、p.500）

　国際法学者の最上敏樹によると、紀元前3600年から現在までの約5600年間で平和期といえるのは、わずか300年ほどだという。この5600年間に戦争はおよそ1万5千回起こっており、それによる死者数は35億人を超える。中でも紀元1500年から現在までの約500年間に戦争で亡くなった者の比率が高い。紀元前3000年からの死者数の96%近くがこの500年の間に亡くなっているという（第一次世界大戦期の約4年半での死者数は約1000万人、第二次世界大戦期の約6年では約5000万人となっている。『いま平和とは』岩波書店、2006年参照）。

　二つの大戦を経て、武力による人類滅亡の危機を感じた国際社会は、行き過ぎた武力行使をどのように制限するかという重大なテーマに

137

直面することとなった。そうしてできたのが、国際連盟（今の国際連合につながる）であった。しかし、その後も争いは止まず、現代の戦闘は、テロ行為に見られるように「国と国」「民族と民族」といった従来の枠組みを超えた複雑な形へと変化している。

【ディスカッション】　グループに分かれて話し合おう
・　「平和」をどのように定義することできるか。
・　武力で平和をつくり出すことはできるか。平和をつくり出すためには武力は必要だろうか。その理由も話し合ってみよう。

積極的平和と消極的平和

　日本では 2015 年に安全保障に関する法律が国会で可決・成立した。その際に「積極的平和」という言葉が繰り返し使われ、武力を行使できる法整備をして、国際的な平和に積極的に貢献していこうと主張された。しかしそこでの「積極的平和」の使い方は学術的に長く使用されてきた意味とは異なり、ある種の混乱をもたらしたといえる。

　従来「平和」とは戦争のない状態を指したが、1960 年代に入り、さらに広い視点で「平和」が考えられるようになった。たとえば、貧困で苦しみ飢える社会は平和か、人種によって暴力や搾取が起こる社会は平和か、性による差別や不平等が存在する社会は平和か、社会構造によって極端に不利益を被っている人々がそれに気づくことができない社会は平和か、という問い直しが始まったのである。

　ノルウェーの平和学者ヨハン・ガルトゥングは、社会構造的に不平等がある状態を「**構造的暴力**」、身体的な暴力を「**直接的暴力**」とそれぞれ名づけた。また、直接的暴力はないものの構造的暴力が維持されている状態を「**消極的平和**」と呼び、これに対して構造的な暴力もない状態を「**積極的平和**」と呼んだ。「消極的平和」とはそれまで存在していた武力行使などの直接的暴力がなくなったという意味で「消極的」な状態であり、一方直接的暴力がないだけではなくそれまで存

第 4 章 現代の諸問題と聖書

在していなかった社会的平等や人権といったものが創造された状態を「積極的平和」と名づけたのだ。これは明らかに、日本のリーダーの用法とは異なる意味である。ガルトゥングの理論は直接的な戦争がないだけではなく社会のさまざまな問題の解決も含む広い平和観なのである。

力による抑止の限界

相手の武力を抑止し、秩序を保つためには武力が必要だとする主張がある。もっとも強力な武力は核兵器であり、「核兵器が抑止力となって平和を守ってきた」という意見は根強く存在する。しかし、言葉を正確に使うならば、圧倒的武力によって保たれるのは、「**平和**」ではなく「**休戦**」状態である。一時的に戦闘が休止されるだけで、戦闘の原因となる確執は何も解消されていない。未来に棚上げにされているだけである。武力による抑止の問題点は、相手がさらに強力な武力を持つと意味をなさなくなるところにある。

また軍事費を増やした国で何が起こってきたかを考えることも重要である。実は軍事費が増えると、その分人権、社会保障や教育に当てるお金が減らされていく。すると戦闘のない消極的な平和が保たれても、前述の積極的平和からさらに遠ざかっていくことになる。核武装はけっして「積極的平和」の状態にはつながらないのだ。

聖書における平和

聖書の平和は体験的反省に基づいている。旧約聖書は、イスラエルの民が奴隷とされていたエジプトから約束の地カナンへ入植していく過程での多くの戦闘を描いている。聖書研究者の中には、少数で弱小であったイスラエルの民が実は長い時間をかけてひっそりとカナン地方へ入っていったのではないかと考える者もいる。しかし聖書の記述では、各地で大規模な戦闘を展開し、武力による制圧を繰り返しながら約束の地カナンへと入る物語となっている。

139

だが「約束の地」に無事入ったイスラエルの民が建国したイスラエル王国は、その後アッシリア帝国やバビロニア帝国をはじめとするさまざまな国に支配されていく。かつて自分たちが他の民族を力で支配してきたように、今度は武力によって自分たちが支配されていくのだ。そのような歴史の中で、ミカ書には次のような言葉が登場する。

> 主は多くの民の争いを裁き、はるか遠くまでも、強い国々を戒められる。彼らは剣を打ち直して鋤とし、槍を打ち直して鎌とする。国は国に向かって剣を上げず、もはや戦うことを学ばない。　　　　（ミカ書4：3）

この言葉は、イザヤ書2章4節にも登場し、繰り返し旧約聖書の中で語られている。剣や槍という命を奪う武器が、鎌や鋤といった実りをもたらし命を支える農耕具へと変えられていく。「もはや戦うことを学ばない」とは、過去の反省に立ち、武力依存からの転換を決意する言葉と考えることができる。

平和に関するイエスの言葉

　平和に関するイエスの言葉はいくつか新約聖書に記されている。

> わたしは、平和をあなたがたに残し、わたしの平和を与える。わたしはこれを、世が与えるように与えるのではない。心を騒がせるな。おびえるな。　　　　（ヨハネ14：27）

　この言葉は、旧約聖書の体験的反省に基づいた平和観と共通している。「世が与えるように与えるのではない」とは明らかに、イエスの時代にユダヤ人たちを支配下に置いていたローマのようにではない、ということである。「パックス・ロマーナ」（ローマの平和）は、圧倒的武力によって保たれた秩序であった。一見、戦闘のない平和な社会の中でしかし実際にはその武力的な支配や重税に苦しむ人々がいた。イエスは、そうした武力による平和を拒否していたと読むことができ

第4章 現代の諸問題と聖書

る。イエスがここで指し示そうとした平和のモデルとはいったいどのようなものなのであろうか。

イエスの平和観におけるキーワードは「和解」である。イエスの和解の象徴は十字架であるが、そのことをコリントの信徒への手紙2はよく表している。イエスの死がそうであるように和解には犠牲が伴う。自らが傷つく犠牲を覚悟して和解のプロセスに入っていくのだ。

ここで提案したいのは、「平和」をすでに何かができあがった状態やゴールではなく、**プロセス（過程）として考えてみる**ということである。結果ではなくプロセスとして考えると、単なる理想主義ではなく、能動的かつ創造的な歩みとして平和を考えることができるのではないだろうか。

> これらはすべて神から出ることであって、神は、キリストを通してわたしたちを御自分と和解させ、また、和解のために奉仕する任務をわたしたちにお授けになりました。つまり、神はキリストによって世を御自分と和解させ、人々の罪の責任を問うことなく、和解の言葉をわたしたちにゆだねられたのです。　　　　　　　　　　　（Ⅱコリント 5：18-19）

イエスに続く現代の人々

だれかをゆるすことは難しい。しかしイエスは十字架上でも自分をそのような目にあわせている人たちのゆるしを祈った。現代でも、このようなイエスの生き方に重なる多くのモデルがある。2001 年 9 月 11 日にアメリカのニューヨークで同時多発テロが起こった。その犠牲者の遺族がつくった**ピースフル・トゥモローズ**（Peaceful Tomorrows）という団体がある。テロ後、アメリカではナショナリズムが一気に高揚し、報復の戦争に突き進む機運が高まっていった。しかし犠牲者遺族が自分たちの家族を報復の口実にしないでほしい、自分たちと同じような悲しみを他の人に与えてはならない、と立ち上がったのだ。これがピースフル・トゥモローズだった。これらの人々は愛する家族を失う悲しみを負ってこうした活動を始めたのだが、報復を望む人々か

ら誹謗中傷を受けることになる。しかし遺族たちはそれでもなお自分たちの悲しみから平和な明日をつくろうと活動を続け、アフガニスタンやイラク、そして日本の被爆地広島などを訪れ、平和の輪を広げる活動を継続している。「**平和を実現する人々は、幸いである、その人たちは神の子と呼ばれる**」（マタイ5：9）とあるが、まさに和解と平和をつくり出そうとする「神の子」の尊い働きがここにあるといえるだろう。

愛や平和を学ぶ

「なぜ、人は争いを繰り返すのか」という問いに、それが人間の性_{さが}だからと答える人がいる。しかし実際には、それは人間に本質的に備わったものではなく、学んできたものなのではないだろうか。わたしたちは自分の主張を優先させる自己本位なあり方や、力で相手を屈服させる暴力性、欲するものを話し合いによってではなく強制的に奪う手段などを体験的に学んでいる。もしわたしたちが争いという手段を学ぶ生き物であるならば、共に生きることや愛や平和を学ぶこともできるはずだ。

わたしたちには、争いという手段を継続していくのか、あるいはそうした人間の姿に失望して社会から距離をとっていくのか、それとも今までとは違う新しいやり方を学び他者と共に生きることを選ぶのかが問われている。以下の聖書の言葉のように、平和を学び、それを実践するようわたしたちは勧められている。

あなたがたは神に選ばれ、聖なる者とされ、愛されているのですから、憐れみの心、慈愛、謙遜、柔和、寛容を身に着けなさい。互いに忍び合い、責めるべきことがあっても、赦し合いなさい。主があなたがたを赦してくださったように、あなたがたも同じようにしなさい。これらすべてに加えて、愛を身に着けなさい。愛は、すべてを完成させるきずなです。また、キリストの平和があなたがたの心を支配するようにしなさい。この平和にあずからせるために、あなたがたは招かれて一つの体とされたのです。

（コロサイ3：12-15）

第 4 章 現代の諸問題と聖書

7　希望する力

　「それゆえ、信仰と、希望と、愛、この三つは、いつまでも残る」
（Ⅰコリント 13：13）とあるように、聖書は三つの徳の中に希望を数
えている。現代社会はよく希望のない時代だといわれるが、希望とは
いったい何であろうか。

希望はよいものか、それともわざわいか

　ギリシア神話に「パンドラの箱」という物語がある。人類最初の女
性パンドラは、禁断の箱を開けてしまう。すると箱の中から人間が背
負わなければならない多くのわざわいや悪が世界に向かって飛び出
していく。しかし、その箱の中にたったひとつだけ残っていたもの、
それが「希望」であった。

　パンドラの箱に残った希望は、どちらかといえばよいものとして捉
えられることが多い。人間は手元に残った希望と共に、至るところに
わざわいが潜む世界を生きていけるからである。しかしパンドラの箱
に残っていた希望もまたわざわいではないか、という考えもある。な
ぜならパンドラの箱に本来入っていたものはすべてわざわいだった
からだ。そうであれば、希望もまた人間にとってはわざわいのひとつ
であり、この神話はそれを示そうとしたものと考えることもできる。

　たしかに人類の歴史を振り返ってみると、「希望」にはそのような
負の側面もあることがわかる。たとえば、人々を熱狂させたヒトラー
が語ったドイツ帝国の夢は、多くの人に希望を抱かせるものであった。
しかしそれは明らかに偽りの希望であった。なぜならそこでは理想の
国をつくるために多くのユダヤ人や障がい者たち、ナチス政権に反対
する人々が殺されたからである。それは多くの命の犠牲の上にしか成
立しない「希望」だったのだ。

　哲学者ニーチェは「希望はほんとうは禍いの中でも最悪のものであ

143

る、希望は人間の苦しみを長びかせるのであるから」（『人間的、あまりに人間的 I』p.101）と書き残している。たしかに人間がつくり出す安易な希望が人を惑わし、時に心地よい夢を見させることもある。また実際には出口のない絶望にもかかわらずまやかしの希望によって期待を持たせ、苦しみを長引かせることもあるだろう。

しかし聖書が語る希望とは本当にそのようなものなのだろうか。聖書では、人間の望みが打ち砕かれた状況で神からの希望が語られることが多い。すべての望みが破れ絶望に陥るような状況で、それでも神は人を希望へと招く。どれほど絶望的な状況でもそこにたしかに存在する希望を語るのである。人間がつくり出す希望は不確かで、時に幻想で終わる。しかし聖書は人間の希望が取り除かれた時に、初めて見出される神からの希望について語るのである。

聖書の終末論

このような視点がよく表されているのがキリスト教の終末論だろう。キリスト教はユダヤ教の伝統を受け継ぎながら独自の終末思想を展開している。旧約聖書の終末論は、神がこの世界で働き、歴史を導いていることを前提とする。また迫害の時代に生まれた文学類型に黙示文学があるが、それは一種の暗号化と象徴的な表現を多用する。旧約聖書のダニエル書、新約聖書のヨハネの黙示録はこれにあたるが、そこでの「終末」は悪が支配するこの世界に代わって、神の支配すなわち「神の国」が開始される決定的な瞬間と捉えられている。イエスもまたこのような終末理解とそれに伴う「神の国」思想を持っていたと考えられる。

神の国の到来とともにそれまでの自らのあり方が問われ、それ自体が神の裁きの対象となる。また神を信じる者たちの苦しみや嘆きはその時にすべて報われる。しかしそれは現在の苦しみを仕方ないといって諦めさせるものではない。イエスは神の国の到来を宣教したが、福音書では「神の国はイエスの活動と同時にすでに始まっている」と考

第 4 章 現代の諸問題と聖書

えられている。つまり、いずれ神の裁きがきてすべてが終わるのだからすべては虚しいという厭世的な考え方ではなく、神の国の始まりを生きる喜びがあるのだ。それは人々に「今をどのように生きるか」という主体的な生き方を呼びかけるものであった。

聖書を読むと、この神の国という希望を持つためには特別な感性が必要とされていることがわかる。なぜならイエスは「**神の国は、見える形では来ない。『ここにある』『あそこにある』と言えるものでもない。実に、神の国はあなたがたの間にあるのだ**」（ルカ 17：20-21）と発言しているからである。

希望を捉えるために必要な力

希望は目に見えない。だから、希望を捉えるためには特別な力が必要になってくる。それが**幻（ヴィジョン vision）を見る力**である。英語の

幻（vision）を見る力
見えないものを捉えていく力

ヴィジョンには、動詞では「見る、幻を見る」という意味、名詞では「視覚、先見、洞察力、幻」という意味がある。旧約聖書には「幻を見た」という表現がたくさんある。日本語で「幻」というと、寝ぼけた時に見るようないい加減なものというイメージがあるかもしれない。しかし英語のヴィジョンは少し違う意味合いで使われる。

たとえばアメリカでは、教会だけでなく会社の会議などでもヴィジョン・ミーティング（vision meeting）などという表現が使われる。これは会社や教会の 10 年後、30 年後の姿を話し合う会議で、長いスパンで共同体の将来像を捉え、どのような姿を希望するのかが話し合われる。夢や幻を積極的に語り合い、そのゴールにたどり着くためには、今何をすべきなのかという具体的な方策を話し合っていく。つまりヴィジョンとは先を見据えながら見えないものを明確に捉えていく能力と言えるだろう。そしてそれが**能力である以上、それを得るためには訓練が必要**となる。

わたしたちが生きている社会は見えるものだけに価値を置きやすい。そして目に見える形で欲求が満たされないと失望し、絶望を味わう。しかし見えるものだけを追い求める世界で、心の片隅ではひそかに渇きや虚しさを覚えることも多いのではないだろうか。それは乾いた砂漠のただ中で、喉を潤す泉を探し求める人の姿に似ている。

だから、わたしたちは落胆しません。たとえわたしたちの「外なる人」は衰えていくとしても、わたしたちの「内なる人」は日々新たにされていきます。わたしたちの一時の軽い艱難は、比べものにならないほど重みのある永遠の栄光をもたらしてくれます。わたしたちは見えるものではなく、見えないものに目を注ぎます。見えるものは過ぎ去りますが、見えないものは永遠に存続するからです。　　　（Ⅱコリント 4：16-18）

見えないものの大切さ

　フランスの作家サン・テグジュペリが書いた『星の王子さま』という小説がある。数十歩で一周できるほど小さな星からやってきた王子さまと砂漠に不時着した飛行士が出会う物語である。

　この小説はある絵に関してのやりとりで始まる。一見帽子にしか見えない絵であるが、王子さまはこれがウワバミという大きな蛇がゾウを飲み込んだ絵だとすぐに理解する。つまりこの小説では、見えるものがすべてではないこと、見える世界の奥にあるものを見る王子さまの感性が最初から示されているのである。

　王子さまが数々の星を訪ねる旅の最後に立ち寄ったのが地球であった。しかしこの地球で、ある庭の前を通りかかった時に、王子さまは愕然とする。なぜならそこには自分の星にあった一輪のバラと同じものが 5000 も咲き乱れていたからである。自分のバラが特別だと思っていたのに、それが唯一無二のものではなかったという事実が彼を打ちのめす。

　この物語で大切な役割を演じるのは失意の中で出会うキツネである。王子さまはキツネとの対話を通して自分のバラが唯一無二なのは、

第4章 現代の諸問題と聖書

外見によるのではなく、心の関わり合いという内面的なものによることを学んでいく。キツネは言う。「**心で見なくちゃ、ものごとはよく見えないってことさ。かんじんなことは、目に見えないんだよ**」。こうして王子さまは目に見えないものを見る力を身につけていく。

その後、王子さまは砂漠で出会った飛行士と一緒に泉を探しに行くのだが、その途中に王子さまはこんなことを言うのだ。「砂漠が美しいのは、どこかに井戸をかくしているからだよ」。この言葉を耳にした途端に、飛行士の目には砂漠がみるみる姿を変えて見え、多くの泉が姿を現す。そしていつの間にか飛行士も「そうだよ、家でも星でも砂漠でも、その美しいところは、目に見えないのさ」と応答する。このように小説全体を通して、「見えないものを見る」というテーマが考えられている。

コンマとピリオド

アメリカにはアメリカ合同教会（United Church of Christ、以下 UCC）というプロテスタントの教派がある。この教派のキャッチフレーズは**「神さまがコンマを置いているところにピリオドを打たないで」**（"Never place a period where God has placed a comma"）というものである。ピリオドは文章の終わりに置き、コンマは文がまだ続いていることを指す。わたしたちは課題や暗闇や絶望を経験すると、「もうだめだ」とピリオドを打ちたくなる。しかし UCC のキャッチフレーズは、「勝手にピリオドを打たないで」と語りかける。

このキャッチフレーズは、あるテレビ女優の言葉に基づいてつくられた。それはコメディ番組を中心に活躍していたグレイシー・アレンというクリスチャンの女優である。彼女は心臓病で余命わずかと宣告されるが、そのことでひどく落ち込む夫のジョージが気がかりであった。

彼女が亡くなった後、ジョージは机の上に残

グレイシー・アレンと夫のジョージ

された自分宛の一通の封筒を見つける。そこにはこう書いてあった。「ジョージ、神さまがコンマを置いておられるところに、ピリオドを打たないで」。

　通常わたしたちは、死を終わりだと考える。しかしグレイシーは、神を信じるわたしたちにとって死は終わりではない、イエスを死から呼び起こした神の前では死を超えた命がある、だからいつか神のもとで再会するのだという想いを手紙を通して夫に残していたのだ。

　わたしたちがピリオドを置きたくなるような時も、神はそこから何かを始めようとしているかもしれない……この視点こそが、目の前にある苦しみを超えた先に目を向ける「ヴィジョン」を与えるのではないだろうか。

周りの人も慰められるために

　人生には苦しみがつきまとう。その中で、なぜ希望を見出すことが必要なのだろうか。先にも何度か取り上げた堀越比佐子さん（第二次世界大戦中アメリカ・ワイオミング州に建てられたハートマウンテンの日系人収容所に収容された日系1世）は次のような言葉を残している。「苦しみの中にこそ本当の喜びがある。苦しみのない喜びは本物じゃない。苦しみの中に幸せを見出せたら、周りの人も救われる。苦しんでいい。でもそれで終わったらだめ」。苦しみの中、絶望の中で希望や喜びを見出すことができれば、それは個人を超えた大きな慰めの体験となる、というのである。

　希望とは、何もしなくても常に持っていられるようなものではない。希望を持つためには、わたしたちは日々の中で繰り返し自分が何を大切に生きるのかを考える必要があるのだ。

> 確かに未来はある、あなたの希望が断たれることはない。
> (箴言23：18)
> 希望をもって喜び、苦難を耐え忍び、たゆまず祈りなさい。
> (ローマ12：12)

あとがき

　これまでにいくつもの聖書科の教材が出版されてきました。それぞれ個性があり、聖書の基礎知識やキリスト教生活を中心にまとめられたもの、キリスト教の歴史をできるだけ正確に描き出そうとしたもの、社会の問題を取り上げ、生き方を問いかけるものとさまざまです。その中で個人的には、もう少し幅広く一般の人々の実際の物語が記された教材があればいいなと考えるようになりました。わたし自身これまで多くの出会いを与えられ、それぞれの豊かな物語に触れてきました。それらは人権や愛、人生の悲しみや痛みに関してのものであり、どれもとても力強いものでした。そうした実際の体験に基づいた物語は、わたしたちの生き方や視点を揺さぶる強い力を持っています。本書では、ところどころにそうした貴重な個人の体験を記させていただきました。個人の物語の掲載はすべて許可をいただいています。

　本書で試みたのは、そうした個々人の人生の物語と聖書とをつなげて読むという作業です。生きていく中にはさまざまな出来事があります。悲しいこと、つらいこと、うれしいこと、大切な人たちとの出会いや別れ……そうした生身の人間の体験と聖書とをつなげて読むことで、わたしたちは聖書から新しい視点を与えられるのではないでしょうか。

　「信仰」「希望」「愛」あるいは「平和」など、概念だけを漠然と考えていてもなんだか魅力がありません。しかし実際の生きた物語の中にはそれらがさまざまな形で体現されている、そのことを感じていただければと思います。そして、皆さんひとりひとりもまた、自分にしかない体験と聖書とをつなげて読む作業をしていただきたいのです。

　最後になりましたが、この本を出版するにあたり協力をいただいた方々、個人の体験を紹介することを快諾してくださった方々、芸術作品の写真を提供し、イラストを描いてくださった島守由美子さん、ま

た所蔵するトーマス・マツオカ氏の油絵の写真使用を快く認めてくだ
さったブエナビスタ教会の方々、また挿絵の写真を撮ってくださった
かつてわたしが勤めた明治学院高等学校の当時の生徒たち、実質的な
編集作業を担い、多くの助言をくれた連れ合いの工藤万里江、そして
この本を形にしてくださった新教出版社の皆さまに、こころより感謝
申し上げます。

※写真、イラストは次の方々から提供していただいた。

島守由美子さん：第 1 章表紙のバナーの写真（p.9）、日雇い労働者の絵
   （p.47）、ボートのイラスト（p.85）
明治学院高等学校有志の方々：第 2 章と第 3 章の表紙写真（p.41 と p.79）、
   色鉛筆の写真（p.127）
Buena Vista United Methodist Church：第 4 章表紙のトーマス・マツオカの油
   絵（p.111）

※日系人収容所関連の写真について

p.130 の写真と p.136 の下段右の写真はマンザナ収容所跡で運営されている
   Manzanar National Historical Site 内の掲示写真
p.136 の上段左の写真は Eiichi Edward Sakauye, *Heart Mountain: A Photo Essay*
   より
p.136 の他の写真はハートマウンテン収容所跡、マンザナ収容所跡での著者
   による撮影

その他の写真はパブリック・ドメインより

参考文献

書籍・新聞

『聖書 新共同訳』（日本聖書協会、1987 年）

石川立、中村信博、越後屋朗編『聖書 語りの風景――創世記とマタイ福音書をひらいて』（キリスト新聞社、2006 年）

今関信子「A 先生のいる保健室」『こころの友』第 2063 号（日本キリスト教団出版局、2016 年）

岩崎京子［文］、かみやしん［絵］『トルストイの民話』（女子パウロ会、2006 年）

岩村史子・篠浦千史［文］、金斗鉉［絵］『サンガイ ジウナコ ラギ――みんなで生きるために』（ディヨ伊予発行、日本キリスト教団出版局発売、2008 年）

遠藤周作『私のイエス――日本人のための聖書入門』（祥伝社、1988 年）

大江健三郎［文］、大江ゆかり［絵］『「新しい人」の方へ』（朝日新聞社、2007 年）

梶原寿『人と思想 104 マーティン＝L＝キング』（清水書院、1991 年）

カルト問題キリスト教連絡会編『カルトって知ってますか？』（日本キリスト教団統一原理問題連絡会、2020 年）

ヨハン・ガルトゥング、藤田明史編著『ガルトゥング平和学入門』（法律文化社、2003 年）

小平尚道『アメリカ強制収容所――第二次世界大戦中の日系人』（フィリア美術館、2004 年）

佐原良子『かみさまのおてつだい――ぼくびょうきでいいんだね』（同朋舎、1993 年）

サン＝テグジュペリ『星の王子さま』内藤濯訳（岩波書店、2017 年）

セネカ『人生の短さについて――他二篇』茂手木元蔵訳（岩波書店、1980 年）

パトリック・S・チェン『ラディカル・ラブ――クィア神学入門』工藤万里江訳（新教出版社、2014 年）

塔和子『いのちの詩――塔和子詩選集』（編集工房ノア、1999 年）

塔和子『塔和子全詩集 第二巻』（編集工房ノア、2005 年）

ヘンリ・ナウエン『嘆きは踊りに変わる――苦難のなかの希望』ティモシー・ジョーンズ編、小渕春夫訳（あめんどう、2006 年）

フリードリッヒ・ニーチェ『ニーチェ全集 5 人間的、あまりに人間的 I』池尾健一訳（筑摩書房、1994 年）

日野原重明、アルフォンス・デーケン、木村利人『いのちを語る』（集英社、2009 年）

V. E. フランクル『それでも人生にイエスと言う』山田邦男・松田美佳訳（春秋社、1993 年）

V. E. フランクル『夜と霧 新版』池田香代子訳（みすず書房、2002 年）

ディビッド・ポーティとピースフル・トゥモロウズ『われらの悲しみを平和の一歩に――9. 11 犠牲者家族の記録』梶原寿訳（岩波書店、2004 年）

福岡伸一「生命の惜しみない利他性」『朝日新聞』（朝日新聞社、2015 年 12 月 3 日付朝刊）

本田哲郎『小さくされた人々のための福音――四福音書および使徒言行録』（新世社、2001 年）

ディートリッヒ・ボンヘッファー『主のよき力に守られて――ボンヘッファー一日一章』村椿嘉信訳（新教出版社、1986 年）

湊晶子『新渡戸稲造と妻メリー――教育者・平和主義者として』（キリスト新聞社、2004年）

宮田光雄『大切なものは目に見えない――「星の王子さま」を読む』（岩波書店、1995年）

最上敏樹『いま平和とは――人権と人道をめぐる 9 話』（岩波書店、2006 年）

Delphine Hirasuna, *The Art of Gaman: Arts and Crafts from the Japanese American Internment Camps 1942-1946* (Berkeley: Ten Speed Press, 2005).

Eiichi Edward Sakauye, *Heart Mountain: A Photo Essay* (San Mateo: AACP, Inc, 2000).

N. Victor Okada, ed. *Triumphs of Faith: Stories of Japanese-American Christians During World War II* (Los Angeles: Japanese-American Internment Project, 1998).

Judy Shepard, *The Meaning of Matthew: My Son's Murder in Laramie, and a World Transformed* (New York: Hudson Street Press, 2009).

DVD

宮崎信恵［監督］『風の舞――闇を拓く光の詩』（ピースクリエイト有限会社、2004 年）

In God's House: Asian American Lesbian & Gay Families in the Church (Network on Religion and Justice for Asian Pacific Islander Lesbian, Gay, Bisexual, Transgender, and Queer People, 2006).

資料　礼拝行事一覧

教会行事	主な内容
アドヴェント Advent	**12 月 25 日の前の四つの日曜日を含む期間** キリストの誕生を待ち望む期間。キリスト教ではこのアドヴェントから 1 年が始まる。救い主の誕生（過去）と神の支配（未来）を待ち望むことから 1 年の教会暦がスタートする。
クリスマス Christmas	**12 月 25 日～1 月 6 日（東方教会は 1 月 6 日）** キリストの誕生を祝う期間。実はイエスの誕生日は定かではなく、他宗教の祭日を参考にした可能性が高い。しかしこの時期にユダヤ教の光のお祭り「ハヌカー」があることやクリスマスが冬至に近く徐々に夜（闇）より昼（光）の時間が増えていくことは興味深い。クリスマスから光が広がるイメージを読み取ることができる。クリスマスの装飾はエピファニーまで飾る。
エピファニー Epiphanie （公現日）	**1 月 6 日** 東方の学者たちが幼子イエスを来訪する聖書記述をもとに作られた日。「輝き出る」という意味で、世界に向かってキリストが告知されたことを示す。
レント Lent （受難節）	**2 月前半～4 月下旬。イースター前の日曜日を除く 40 日間** イエスの十字架の出来事とその苦しみを思い起こし、悔い改める期間。レントは「灰の水曜日」を起点に始まる。
受難週 Holy Week 聖金曜日 Good Friday	**3 月中旬～4 月下旬。イースター前の 1 週間** 「棕櫚の聖日」（日曜日）から始まる 1 週間。 金曜日はイエスが十字架に架けられた聖金曜日として覚える。その前日はイエスが弟子たちの足を洗った「洗足の木曜日」。
イースター Easter	**3 月下旬～4 月下旬。春分の日の後にくる満月の次の日曜日** キリストの復活を祝う日。ユダヤ教の安息日の土曜ではなく日曜日に礼拝を守る起因となる。
ペンテコステ Pentecost	**5～6 月。イースターから数えて 50 日目の日曜日** 弟子たちに聖霊が降った出来事（使徒言行録 2 章）を記念する日。弟子たちが外に向かって宣教活動を開始したため「教会の誕生日」ともいわれる。
平和聖日 Peace Sunday	**8 月第 1 日曜日。平和を祈る日** 日本の多くの教会で守られる日。特に原爆投下や敗戦の日を覚え平和を祈るための日曜日。
収穫感謝日 Thanksgiving Day	**11 月第 4 日曜日** 世界の教会で設定する日は異なるが、日々の生活の糧に感謝し、分かち合う気持ちを深める日として守られている。

著 者　佐原　光児（さはら　こうじ）

1978 年生まれ。同志社大学大学院神学研究科博士前期課程修了後、日本キリスト教団霊南坂教会（東京都）、アメリカ合同教会シカモア組合教会（Sycamore Congregational Church、カリフォルニア州）において牧師として働く。在米中に太平洋神学校（Pacific School of Religion）にて宣教学博士（Doctor of Ministry）を取得。その後、明治学院高等学校聖書科教諭を経て、現在、桜美林大学准教授及び大学チャプレン。

希望する力
生き方を問う聖書

2019 年 3 月 1 日　第 1 版第 1 刷発行
2023 年 3 月 10 日　第 3 版第 1 刷発行

著　者……佐原光児
発行者……小林　望
発行所……株式会社新教出版社
〒162-0814 東京都新宿区新小川町 9-1
電話（代表）03(3260)6148
振替 00180-1-9991

本文印刷・付物印刷・製本……カシヨ
©Koji Sahara 2019
ISBN978-4-400-51760-3　C1016
Printed in Japan